朱永嘉—作品—

刘邦与项羽

以史为鉴和古为今用，

这才是我们读史的基本宗旨。

朱永嘉 著

陕西新华出版传媒集团
陕西人民出版社

图书在版编目（CIP）数据

刘邦与项羽 / 朱永嘉著 .-- 西安：陕西人民出版社，2019.11
ISBN 978-7-224-13398-1

Ⅰ.①刘… Ⅱ.①朱… Ⅲ.①楚汉战争 – 通俗读物②汉高祖（前256-前195）– 人物研究③项羽（前232-前202）– 人物研究 Ⅳ.① K234.109 ② K827=341 ③ K827=33

中国版本图书馆 CIP 数据核字 (2019) 第 235109 号

策　　划：	胡杨文化　何崇吉
出版统筹：	关　宁　韩　琳
责任编辑：	王　倩　张启阳
特约编辑：	孙明新　李春博
封面设计：	肖晋兴

刘邦与项羽

作　　者	朱永嘉
出版发行	陕西新华出版传媒集团　陕西人民出版社 （西安北大街 147 号　邮编：710003）
印　　刷	北京中科印刷有限公司
开　　本	880 毫米 ×1230 毫米　1/32
印　　张	5.5
字　　数	130 千字
版　　次	2020 年 3 月第 1 版
印　　次	2020 年 3 月第 1 次印刷
书　　号	ISBN 978-7-224-13398-1
定　　价	45.00 元

如有印装质量问题，请与本社联系调换。电话：029-87205094

目 录

前　言　　　　　　　　　　　　　　　　　001

一、刘邦的出身及其社会关系　　　　　　　009
二、项羽早年的出身与性格特征　　　　　　016
三、陈胜其人及其起兵的经过　　　　　　　019
四、刘邦起兵的原因及经过　　　　　　　　026
五、项梁与项羽起兵的原因与经过　　　　　032
六、关于陈胜失败的原因　　　　　　　　　041
七、刘邦与项羽进击秦军的比较　　　　　　046
八、鸿门宴——项羽带兵入咸阳以后的失策　056
九、楚汉之争　　　　　　　　　　　　　　070
十、垓下之战，霸王别姬　　　　　　　　　087
十一、田横及贯高之死与五百壮士　　　　　100
十二、刘邦称帝　　　　　　　　　　　　　105

十三、刘邦在洛阳南宫与功臣宿将探讨刘、项成败的原因　　109

十四、战后军队士兵安置的问题　　118

十五、刘邦如何论功行赏　　126

十六、刘邦处置异姓王的问题　　137

十七、刘邦与知识分子群体　　147

十八、刘邦关于身后事的安排　　159

后　记　　171

前　言

1964年，毛泽东在重读《史记》和范文澜的《中国通史简编》时，填了一首《贺新郎·读史》的词，今引其全文于下：

人猿相揖别。只几个石头磨过，小儿时节。铜铁炉中翻火焰，为问何时猜得？不过几千寒热。人世难逢开口笑，上疆场彼此弯弓月。流遍了，郊原血。

一篇读罢头飞雪，但记得斑斑点点，几行陈迹。五帝三皇神圣事，骗了无涯过客，有多少风流人物？盗跖庄蹻流誉后，更陈王奋起挥黄钺。歌未竟，东方白。

这首词的上阕概括了中国古代历史发展演化的过程，从猿到人，经过石器时代、青铜器时代、铁器时代，才慢慢进入阶级社会，群雄在疆场上角逐统治天下的权力，认识到这一点，经历了几千年人类历史。词的下阕则是讲了传说时代的三皇五帝，并没有实物根据，但后人却信从不疑，故称其骗了无涯过客。他赞扬的盗跖、庄跻是战国时期的农民起义领袖，陈王指陈胜，是秦末农民起义的领袖。他歌颂反抗压迫的斗争精神，正是这无数次革命斗争才带来人民当家作主的新时代，歌未竟，革命胜利了，革命的精神要永葆不息，这在毛泽东同志身上贯穿始终。

陈胜吴广揭竿而起，抗秦暴政，自立为王，号张楚，前后不过六个月时间，被其御者即驾车的庄贾所杀。陈胜虽死，最终推翻秦王朝的都是陈胜派遣的王侯将相，其影响最大的便是刘邦与项羽这两股力量。

司马迁在《史记·秦楚之际月表》的序言中说：

> 太史公读秦楚之际，曰：初作难，发于陈涉；虐戾灭秦，自项氏；拨乱诛暴，平定海内，卒践帝祚，成于汉家，五年之间，号令三嬗，自生民以来，未始有受命若斯之亟也。

在五年之间，中央政权三次更迭，司马迁感到有史以来，历史的变迁从未有这样急速过。这五年是历史大动荡、大变革的时代，从读史者讲，都喜欢这一个急剧动荡变化的历史时期。乱世出英雄，所以这是一个英雄辈出的时代，人物角色特征鲜明，即使如项羽这样的悲剧人物，读《史记·项羽本纪》也能让人动情。

在中国几千年的历史上，最有兴味的往往不是什么盛世，而是由盛而衰，乱世历史更显精彩，这里面有故事有人物。秦汉之际是如此，两汉之际是如此，汉魏之际是如此，隋唐之际是如此，元明之际是如此，明清之际亦是如此。这是历史剧烈转折的时期，也是底层大众奋起反抗斗争的时期，无论其成还是败，都蕴含着丰富的历史经验和教训，历史正是在这种矛盾冲突的激烈斗争中不断前进的。历史知识的普及，演义小说起了很大的作用，它的前身是都市经济发展以后，在宋代出现的书话，即说书先生的文本，后来演化为演义小说。而演义小说中，影响最大的是罗贯中的《三国演义》，此外还有《隋唐演义》《东周列国志》流传亦广，这是因为三国与隋唐之际包括战国时期都是乱世，这里面人物多、故事多。毛泽东读史偏好于乱世，主要是王朝更迭之际，如魏晋南北朝的分裂时期，大概也就是这个道理。从个人生活讲，还是太平日子好过，那样的乱世日子可难熬了啊！战争极其残酷，人口锐减，土地荒芜，饥荒，逃亡，这些艰难的日子，不是大家都喜欢过的吧？还有我们读史的时候，要知道现在全球化了，在经济上各个国家互相的依存度加强了，但是这些年来战争还是不断，霸权主义者还在国门前不断地耀武扬威，战乱的威胁还没有完全过去。所以我读史也比较喜欢读分裂时期的历史，如春秋战国时期、南北朝分裂时期，很有趣，战乱不断，兴亡不断更迭，这里面也是各种类型的事件多、人物多，可以吸取的经验教训也多。

我希望还是有一个统一的国家,大家生活可以安定一些。读史的爱好,和对生活的追求往往并不一致。这个矛盾也是好事,作为一个革命的政党,经过风风雨雨几十年的斗争,成为执政党时,需要考虑的是如何为民而执政,如何保持往日艰苦奋斗的革命传统,如何提高自己的执政能力。可不能躺在父辈过去的功劳簿上酣睡,把执政视作我之产业,借之以奉我逍遥之花息。可不能因此而变成群众革命的对象,更不能变成敌对势力分化瓦解的对象。那么让大家多知道一点兴亡的故事,多知道一点分裂时期的战乱和痛苦,可以更加明白国家统一和社会安定的可贵而珍惜之。多知道一点由盛而衰的历史,对我们有益。从来没有长盛不衰的事,懂一点这方面的教训,能益人心智。中唐文学的发展,是安史之乱后唐朝由盛而衰,时人对盛唐时期安定生活的追思和怀念。李白和杜甫的诗、白居易的《长恨歌》,都离不开那个时期世道的剧变。由于中国历史的时间太长了,我们读史应有所选择。

再说政治家读史,与史家的读史,二者有同有异。政治家读史,是从现实政治斗争的需要,以史为鉴,也就是以古人成败得失为鉴,他并不要求系统地研究,他把历史人物和事件作为案例来思考和借鉴。所以往往可以取其一点,不及其余,在历史与现实之间建构起他独特的联想。毛泽东读史,一方面他系统地读,反复地读。他读《资治通鉴》十七遍,读廿四史,对《史记》《汉书》《后汉书》《三国志》和《晋书》都很熟,过去介绍毛泽东读史的书很多，只是说他读了什么，读了多少遍，介绍他如何挤时间读，而没有介绍他是在什么时候读什么，他为什么读这个篇目。要知道他对历史的关注点，往往随形势的变化而跳跃。他推荐别人读史，都是有感而发，有所指而为。如他在1969年3月珍宝岛事件之后，6月在武昌重读《南史·陈庆之传》及《南史·韦睿传》，是为了应对苏军进攻。他能从《南史》中挑选这几篇传，是他长期读史积淀的结果。史家则比较强调在系统和完整地掌握资料的基础上对事件和人物作出比较全面的记录和评价，强调对史实的订正。修史，无论是编年、纪事还是纪传，强调的是完整、系统、全面地掌握资料，和准确地进行表述，这需要扎实的基本功训练和长年累月的积叠。政治家则没有那么多工夫去这样做。然而这二者又是互相呼应的。史学，作为学术，有它相对独立的一面，但它不可能与政治绝缘，关键是它为什么服务的问题。脱离现实需要钻象牙塔可以由少数人去做，但毕竟不是史学发展的方向。中国历史上有许多历史人物和事件，经常会成为毛泽东关注的对象。史学家也应该将一些历史人物和事件，作为一个个案例，对其利弊得失作一点细微的分析，既能提高人们读史的兴味，又能供人们去参考借鉴。史论式的札记便是做这一方面的工作，它对后人认识历史还是非常有益的。刘邦和项羽这两个楚汉风云变幻中的历史人物也是毛泽东一再关注的，他们一成一败，都是乱世英雄。既然同学们点名讲刘邦（这是我2009年给学生上课发的讲稿，故作如是说），那我们在下面先说一下刘邦其人其事，顺着这个次序谈秦汉之际楚汉相争的历史过程，及刘邦如何稳定他所创建的"规模弘远"的汉王朝。从刘邦和项羽这两个历史人物的历史遭际讲，他们的成与败、得和失，有鲜明的对比性。或者从历史事件讲，有许多经验教训值得人们反复思考。毛泽东在讲话中多次关注这两个人也不是偶然的。

刘邦是秦汉之际的一个人物，孟子说过"知人论世"，要理解一个历史人物，离不开他所处的时代。那个时代由一大群人物组成，秦末起义的领袖有陈胜、吴广，在江东也就是现在浙江宁波起兵的，有项梁和他的侄子项羽。那是一个群雄并起的时代，要说在那场逐鹿战争中，为什么刘邦能够胜出，总有他的道理。项羽进入咸阳，应该说是一个胜利者了，他的力量也远远超过刘邦。在楚汉相争中，从战役上讲，刘邦往往是失败者，而最终却是他取得胜利。

一个历史人物的成功，总需要考察错综复杂的人际关系，才能弄清楚其成功的道理。刘邦这样的历史人物，他能奠定汉王朝数百年统治的基础，总有他的过人之处。尽管刘邦距离我们有两千多年，但他在那个时代，与对手相处、与自己部属相处，他对那许多复杂事件的处置方法，其中有许多经验和教训，作为喻旨和联想，对后人思考问题还会有启迪和教益。我看到过一份回忆录，毛泽东在开国大典结束后，回到住地，一边吃饭，一边手上拿着《史记》，那时他读的《史记》还是线装的武英殿版的殿本中的一册，亦还是《项羽本纪》与刘邦的《高祖本纪》，毛泽东在革命胜利的时刻，在共和国成立的那个时刻，读这两篇东西，还是很有意味的事情。他思考的亦还是项羽何以败，刘邦何以胜，胜利以后刘邦何以立国的经验教训。一直到晚年，1973年7月，毛泽东还曾要我们把《史记》中的《陈丞相世家》《黥布列传》《绛侯周勃世家》《灌婴列传》《陆贾列传》标点注释以后印成大字本送给他看。这些人物都是随刘邦在逐鹿战争中立有大功的文臣武将，又是在刘邦身后对汉王朝有重大影响的人物，这时候毛泽东要看这些人物的传记，无非想看看刘邦如何处理身后事。

人们都喜欢引用韩信被处置时说的"狡兔死，良狗亨；高鸟尽，良弓藏"（《史记·淮阴侯列传》），讲刘邦杀功臣宿将。实际情况并非如此。刘邦去世时，留下的功臣宿将还有不少呢，被处置的大都属于他过去的同盟军，并非所有的功臣宿将。"白马盟誓"便是刘邦与他的功臣宿将之间的契约，《汉书·高帝纪》讲到刘邦"与功臣剖符作誓，丹书铁契，金匮石室，藏之宗庙"。《史记》的《高祖功臣侯者年表》中，讲到"使河如带，泰山若厉，国以永宁，爰及苗裔"，由此可知刘邦与功臣宿将之间的关系。《汉书·高帝纪》还说刘邦"虽日不暇给，规摹弘远矣"。故对刘邦生平的许多事还是要具体分析，不能人云亦云，要用脑子思考一下。我这里主要是把刘邦与项羽楚汉相争的五年，作为一个历史案例来研究和分析的，当然，也要涉及统一以后的人和事。毛泽东曾经说过"分析好，大有益"，所谓分析，就是实事求是地解析事物的方方面面，人和事都不是单一的，而是复杂的、多元的，由此及彼地弄清其中复杂的相互关系，也许它会使我们在应对现实问题时，自然产生某些相似的联想而从中受益，说到底便是以史为鉴和古为今用，这才是我们读史的基本宗旨。

一、刘邦的出身及其社会关系

据《史记》的《高祖本纪》，刘邦是沛县丰邑的中阳里人，沛县在秦国属泗水郡，在今微山湖的南岸，今江苏徐州的东北，丰邑即今之丰县。刘邦，姓刘，字季，其父为太公，母曰刘媪。太公是对其父的尊称，媪为年老妇女的泛称，实际上，刘邦父母只有父姓，母姓不详，父母之名亦不清楚。季为排行第三，其上还有两个兄长。从这一点上，可以看到刘邦的家庭出身和社会地位并不高，说一声布衣出身，还是客气的。

跟随刘邦一起的功臣宿将，大都是沛县人，如萧何、曹参、王陵、周勃、樊哙、夏侯婴、周缍、周昌、周苛、任敖，都是沛县人，而卢绾则与刘邦同乡同里，这些人都是刘邦倚以起家的功臣宿将。

刘邦的容貌，《史记·高祖本纪》称："高祖为人，隆准而龙颜，美须髯，左股有七十二黑子。"准，指鼻子，隆准是高鼻子，脸有龙状，须髯美。说他左股上有七十二黑子，那是后人添加上去的。其为人，《史记·高祖本纪》称："宽仁爱人，喜施，意豁如也。

常有大度，不事家人生产作业。"讲这个人比较喜欢结交朋友，也好讲义气、说大话，在家里则不好好劳动生产，喜欢在外游荡。《史记·高祖本纪》还说他"好酒及色，常从王媪、武负贳酒"，"高祖每酤留饮，酒雠数倍。及见怪，岁竟，此两家常折券弃责。"在酒店饮酒打白条不付酒钱，到年底便赖账。这样看来，刘邦实际上是一个地方上的无赖。刘邦早年在家里常受父母责难，但人不可貌相，时势也会造就人。他在汉九年（前198年）给自己父亲太上皇上寿时说："始大人常以臣亡赖，不能治产业，不如仲力。今某之业所就孰与仲多？"（《汉书·高帝纪》）结果是殿上群臣皆呼万岁，大笑为乐。可见当年刘邦在家人心目中确是一个无赖，他排行第三，不如老二踏实肯干。作为皇帝在朝堂上把父亲当作取笑的对象，亦形象地反映了他的性格。《史记·高祖本纪》还讲到他："及壮，试为吏，为泗水亭长。"壮年，应该是刘邦三十四五岁左右。刘邦生于秦昭王五十二年（前255年），秦始皇统一六国时，刘邦已三十四岁，他担任亭长应在秦灭楚以后，秦灭楚是在始皇二十三年（前224年），那时刘邦三十岁左右。这里应先说明一下亭长是怎么样一个角色，那就要先了解一下秦国县以下基层组织的状况。《汉书·百官公卿表》注：

>　　县令、长，皆秦官，掌治其县。万户以上为令，秩千石至六百石。减万户为长，秩五百石至三百石，皆有

丞、尉，秩四百石至二百石，是为长吏。百石以下有斗食、佐史之秩，是为少吏。大率十里一亭，亭有长。十亭一乡，乡有三老、有秩、啬夫、游徼。三老掌教化。啬夫职听讼，收赋税。游徼徼循禁贼盗。县大率方百里，其民稠则减，稀则旷，乡、亭亦如之，皆秦制也。

这里要注意的是以乡统亭是县城以外郊区的行政机构。所谓"里"，在《后汉书·百官志》讲到里以下有什、伍，即五家为伍，十家为什，一里十什。换一句话说，一里有一百户，如果十里一亭，那么一个亭管辖的范围有千户人家，如果十亭一乡的话，那么一乡便有万户人家，这不可能。县以万户为限，万户以下的县长官称长，万户以上的称令。沛县是万户以上，故其长官称沛令。实际上秦代不仅在农村设亭，在城市也设有亭，亭不一定是一级行政组织。如东汉的洛阳，据《后汉书·百官志》的补注引蔡质《汉仪》曰："雒阳二十四街，街一亭；十二城门，门一亭。"可见在城市里也设有亭这一机构。乡镇人口相对集中的地方也设有亭。

亭长的职责是什么呢？《后汉书·百官志》注引《汉官仪》称："亭长课徼巡。尉、游徼、亭长皆习设备五兵。五兵：弓弩、戟、盾、刀剑、甲铠。"还讲道："设十里一亭，亭长、亭候；五里一邮，邮间相去二里半，司奸盗。亭长持二尺板以劾贼，索绳以收执贼。"这里的二尺板，即长度为二尺书写秦律的文书，劾贼，是指以法律为准绳来照章告劾，也就是按照法律规定来劾治盗贼，手中还有绳索，随时可以绑缚所截获的盗贼。所以亭长的职责是巡逻各地，以维持社会治安，并随时发现和追捕盗贼。由此可知其职责类似于今天街道的派出所，不是街道那样的行政组织，而是一个维持社会治安的类似于武警或公安系统的半武装组织，所以要具备兵器，以防备盗贼的反抗。

亭长不是一个人来负责这些任务，还有下属，也就是归他统率的兵卒。《史记集解》引应劭曰："求盗者，旧时亭有两卒。其一为亭父，掌开闭扫除；一为求盗，掌逐捕盗贼。"《史记·高祖本纪》称："高祖为亭长，乃以竹皮为冠，令求盗之薛治之，时时冠之，及贵常冠，所谓'刘氏冠'乃是也。"这是楚人戴的帽子，用竹皮制作的长冠，戴在头上。薛是鲁国的一个县，那里有制作这种帽子的工匠，所以刘邦让他的下属到薛地去置办他喜欢的竹冠，可见刘邦本来是地方上的流氓无赖。在他身边有一群小兄弟，有一点社会影响，让他当泗水亭长，是希望他能安抚好地方的治安。实际上这一类人物在地方上是黑白二道相通的，既是黑道中小兄弟的大哥，又是白道中的亭长，社会秩序稳定时，可以帮助官府解决一些具体问题，社会动荡时，他们就可以成为有组织的力量，变成一方霸主。他们能成为什么角色，就看社会为他们提供的机会如何。

刘邦在黑白二道中都有自己的人，积累了不少处理各种问题的经验,有了相应的组织能力,在亭长的位置上也使他有机会开阔眼界。《史记·高祖本纪》称:"高祖常繇咸阳,纵观,观秦皇帝,喟然太息曰:'嗟乎,大丈夫当如此也!'"他送人到咸阳服劳役时,咸阳有大工程,造阿房宫、骊山墓,都是要动员全国的人力来搞的,看到秦始皇出行的盛大场面,使他开了眼界,也有了野心。"大丈夫当如此也"是司马迁的神来之笔,是谁听到他说的,这无法验证,但这句话符合刘邦的性格和他后来的行事风格,所以为大家所认可。这一类描述,大概与当今纪实文学作品相近,只要大体上符合时代及人物的特征就可以了,有些细节的描述,不必过于认真。

再说,他与吕后如何结合的事,这也有趣,《史记·高祖本纪》云:

> 单父人吕公善沛令,避仇从之客,因家沛焉。沛中豪桀吏闻令有重客,皆往贺。萧何为主吏,主进,令诸大夫曰:"进不满千钱,坐之堂下。"高祖为亭长,素易诸吏,乃绐为谒曰"贺钱万",实不持一钱。谒入,吕公大惊,起,迎之门。吕公者,好相人,见高祖状貌,因重敬之,引入坐。萧何曰:"刘季固多大言,少成事。"高祖因狎侮诸客,遂坐上坐,无所诎。酒阑,吕公因目固留高祖。高祖竟酒,后。吕公曰:"臣少好相人,相

人多矣,无如季相,愿季自爱。臣有息女,愿为季箕帚妾。"

这一段引文,反映了刘邦的性格。萧何是沛县的功曹,故称主吏。吕公与沛县令相善,迁居沛县请客,故萧何为主进,主进即负责收受贺礼的,宴席上的座次依贺礼的高低来排列,不满千钱的坐在客堂之下,可见那次宴席是高朋满座。刘邦要挤进去,说大话,讲贺礼一万钱,故迎为上宾,实际上分文没有。由于谒者以报名进去,吕公出来相迎,引入上坐,所以萧何才会说刘邦这个人好说大话。这与刘邦在咸阳见到秦始皇出巡时讲"嗟乎!大丈夫当如此!"的态度是一致的,也是说大话。从另一个侧面讲,虽是大话,亦反映了这个人有大志向,说大话,可以引起别人的注目。说吕公好相人,说刘邦面相好,那都是后人附会上去的。从其好说大话这一点看,将来或许有大的机会,成就他宏大的抱负。毛泽东早年《沁园春·长沙》一词中"粪土当年万户侯",从当时还不满三十岁的毛泽东写这首词的身份和地位讲不也是说满口的大话嘛,这些大话说明他有大的志向,如果时代赐予他大的机会,便能成就一番大事业。当然并非说大话的人都能如此,还要看时势提供的机会,以及他个人的努力和器度。司马迁称刘邦"常有大度",当然是事后的话,但也确实反映了这个历史人物的性格特征。我们鼓励小孩子要立大志,这是应该的,这个大志,不仅是个人的前途,更不是钱途或者仕途,当然应该是为国家、民族的前途而奋斗。当然，这一切还得从小处着手，认清时势的潮流，审势而为，否则大话便会成为空话。

二、项羽早年的出身与性格特征

能够与刘邦对垒的就是项羽了。楚汉相争,实际上便是项羽与刘邦两个人之间,也就是两股力量或两个集团之间的逐鹿之争。《史记·项羽本纪》比较细致地记载了项羽的出身及其早年的性格特征。司马迁曰:

> 项籍者,下相人也,字羽。初起时,年二十四。其季父项梁,梁父即楚将项燕,为秦将王翦所戮者也。项氏世世为楚将,封于项,故姓项氏。
>
> 项籍少时,学书不成,去学剑,又不成。项梁怒之。籍曰:"书足以记名姓而已。剑一人敌,不足学,学万人敌。"于是项梁乃教籍兵法,籍大喜,略知其意,又不肯竟学。项梁尝有栎阳逮,乃请蕲狱掾曹咎书抵栎阳狱掾司马欣,以故事得已。项梁杀人,与籍避仇于吴中。吴中贤士大夫皆出项梁下。每吴中有大繇役及丧,项梁

常为主办，阴以兵法部勒宾客及子弟，以是知其能。秦始皇帝游会稽，渡浙江，梁与籍俱观。籍曰："彼可取而代也。"梁掩其口，曰："毋妄言，族矣！"梁以此奇籍。籍长八尺余，力能扛鼎，才气过人，虽吴中子弟皆已惮籍矣。

从这一大段对项籍的描述看，项羽起兵时，还只是一个青年，只有二十四岁，比刘邦年轻一些，贵族出身。项氏在楚国世世代代带兵为将，项，在今河南之沈丘，下相，在今江苏之宿迁。项燕为秦将王翦所围而自杀，这件事发生在秦始皇二十四年（前223年），上一年，秦军击楚，虏楚王，项燕在淮南立昌平君为荆王，王翦攻楚军，昌平君死，项燕因兵败而自杀，楚亡。项梁是项燕之子，项羽的季父，即小叔父。项梁在栎阳县（今陕西临潼北）有事被逮，于是请蕲县（今宿迁南）的狱掾写信给栎阳的狱掾司马欣说情。狱掾是秦代县一级分管司法的官吏，所以这件事便就此了结。然而项梁又因杀人的问题，带项羽逃到江南，这里本来是楚国的属地，当地的士大夫原来是项梁的部属，所以这里有什么丧事及重大的徭役都是项梁经手主办，他能以军事化进行部署，所以当地都认为项梁能办大事。而项羽这个人个子高，力气大，让他读书，不行，学剑，也不行，项梁教他兵法，也是浅尝辄止，说明这个人缺少细致耐心、认真学习的精神。

秦始皇至会稽祭大禹的时间是始皇三十七年（前210年），这一次秦始皇过江到山东，在回咸阳途中就去世了。会稽即今之绍兴，那里有禹王庙，项梁与项羽曾经看到秦始皇游会稽渡钱塘江，项羽说了一句"彼可取而代也"，这句话反映了项羽的性格，有大志向，敢于斗争，但勇而无谋，故"梁掩其口，曰：'毋妄言，族矣！'"说明讲这个话不是场合，会惹祸。最后讲"籍长八尺余，力能扛鼎，才气过人，虽吴中子弟皆已惮籍矣"，说明项羽是以力服人，不是以德服人，不如刘邦讲义气，大度，广交朋友，能在自己周围团结一批人。因而项羽能以力在推翻秦王朝的斗争中起决定性作用，但不能建立一个稳定的新王朝。比较项羽与刘邦年轻时的状况，可以看到刘邦的出身和才力不如项羽，但智谋胜于项羽，连吕雉这个妻子也是他用"贺钱万"骗来的。

三、陈胜其人及其起兵的经过

秦末首先起兵反抗暴政的,不是刘邦和项羽,而是陈胜和吴广,所以还得讲一下陈胜这个人的性格,他是怎么起兵的,其失败的原因是什么,为什么陈胜起兵以后,能一呼百应?秦的失误在什么地方?

《史记·陈涉世家》云:

> 陈胜者,阳城人也,字涉。吴广者,阳夏人也,字叔。陈涉少时,尝与人佣耕,辍耕之垄上,怅恨久之,曰:"苟富贵,无相忘。"庸者笑而应曰:"若为庸耕,何富贵也?"陈涉太息曰:"嗟乎!燕雀安知鸿鹄之志哉!"

这一段话说明陈胜的出身很低,只是一个雇农,但有大志,希望自己能有大富大贵的一天,别人嘲笑他,他说"燕雀安知鸿鹄之志",表示别人无法理解他的志向。这同样是立大志,与刘邦、项羽相比,陈胜的志向要低得多了,他的"鸿鹄之志"亦仅仅是个人的大富大贵。没有大的思想境界,就不知如何应对自己所面临的大局。《史记·陈涉世家》接下来一段话是描述陈涉起家的过程。其云:

> 二世元年七月,发闾左適戍渔阳,九百人屯大泽乡。陈胜、吴广皆次当行,为屯长。会天大雨,道不通,度已失期。失期,法皆斩。陈胜、吴广乃谋曰:"今亡亦死,举大计亦死。等死,死国可乎?"陈胜曰:"天下苦秦久矣。吾闻二世少子也,不当立,当立者乃公子扶苏。扶苏以数谏故,上使外将兵。今或闻无罪,二世杀之。百姓多闻其贤,未知其死也。项燕为楚将,数有功,爱士卒,楚人怜之,或以为死,或以为亡。今诚以吾众诈自称公子扶苏、项燕,为天下唱,宜多应者。"吴广以为然。乃行卜。卜者知其指意,曰:"足下事皆成,有功。然足下卜之鬼乎!"陈胜、吴广喜,念鬼,曰:"此教我先威众耳。"乃丹书帛曰"陈胜王",置人所罾鱼腹中。卒买鱼烹食,得鱼腹中书,固以怪之矣。又间令吴广之次所旁丛祠中,夜篝火,狐鸣呼曰"大楚兴,陈胜王"。卒皆夜惊恐。旦日,卒中往往语,皆指目陈胜。
>
> 吴广素爱人,士卒多为用者。将尉醉,广故数言欲

亡,忿恚尉,令辱之,以激怒其众。尉果笞广。尉剑挺,广起,夺而杀尉。陈胜佐之,并杀两尉。召令徒属曰:"公等遇雨,皆已失期,失期当斩。藉第令毋斩,而戍死者固十六七。且壮士不死即已,死即举大名耳,王侯将相宁有种乎!"徒属皆曰:"敬受命。"

《陈涉世家》这一大段话,讲的是陈胜起义的过程。渔阳,今北京密云县西南,当时是秦国东北边镇所在;大泽乡在今安徽宿县之南,去北方戍边的都是这个地区附近的农民。大泽乡是他们的集合屯营之地,陈胜、吴广只是屯地的屯长,负责安排食宿的。这次征发去戍边的是居住于闾左的。

秦代的徭役制度,可以区分为徭戍和谪戍两种类型,秦代的法律规定百姓满十五岁就要服徭役,到六十岁为止。董仲舒讲过"古者使民不过三日",商鞅变法以后,力役的负担三十倍于古,也就是每年每个壮丁担负的徭役时间大体上是一个季度。另一类是谪戍,是指因犯罪而被罚充边的,或者叫迁。这种人一旦被强迫戍边,那就是终身制,就得终身在边疆服徭役,实际上是强制性的移民边境。陈胜说"戍死者固十六七",因戍边本来是一种极其繁重而艰苦的劳役,故戍边的死亡率高达百分之六七十。这里的"闾左"则又有许多不同的解释,司马迁在《史记·儒林列传》中说:"陈涉起匹夫,驱瓦合适戍,旬月以王楚。"那么实际上是有罪的人居于闾左,故称其戍边为谪戍,这样的人都是被处刑罚以后仍在管制范围的有前科的人员,故其在社会上的身份和地位特低。陈胜、吴广他们为什么要在大泽乡发动起义呢?那是因为大雨后交通堵塞而误期了,即使去服役,依法要处死,逃亡的话也是死罪,那还不如起兵反抗,或许还能死里逃生,这是无路可走而被迫造反的。

陈胜、吴广在这九百个戍卒中并没有什么威望,他们两个不过是在大泽乡临时性担任屯长的角色,因而没有号召力,所以想起被冤死的扶苏,还有楚国的战将项燕,利用他们才能取得人们的信任,才有号召力。同时那时的人们还都非常迷信。罾,是渔网,在渔网中鱼的肚子内塞上书写了"陈胜王"的帛书,及吴广在深夜装鬼喊叫"大楚兴,陈胜王",这样骗得人们相信陈胜有鬼神佑护,是未来的王者,才能取得戍卒们的信任和尊重。

县的长官是令或长,县令或县长的副手叫丞,丞主刑狱囚徒之事,也就是分管司法。尉,在秦汉时属县一级的官员,大县两人,那就是大尉与右尉,小县一人。尉的职掌是分管缉捕盗贼,也就是管理社会治安,属于武事,因此如更卒番上(指当地壮丁轮番去边地服兵役作士卒)这类事,也是由县尉主管。《后汉书·百官志》曰:"尉主盗贼。凡有贼发,主名不立,则推索行寻,案察奸宄,以起端绪。"这样的职能相当于现在县一级的公安局长,或者武警总队的负责人。《史记·陈涉世家》讲到"将尉醉",

这个尉便是统率这九百戍卒的负责人,"将"是统率的意思。陈胜与吴广要率领这九百人起事,必须首先除掉两尉,吴广先乘尉醉酒时激怒他,然后借故杀尉,陈胜协助杀死另一尉官,这九百戍卒便没有首领了,他们才能鼓动大家起来造反。"王侯将相宁有种乎!"这样徒属才能听从陈胜、吴广的号令。《陈涉世家》下面一大段话描述其起兵以后最初进展的情况,其云:

> 乃诈称公子扶苏、项燕,从民欲也。袒右,称大楚,为坛而盟,祭以尉首。陈胜自立为将军,吴广为都尉。攻大泽乡,收而攻蕲。蕲下,乃令符离人葛婴将兵徇蕲以东,攻铚、酂、苦、柘、谯,皆下之。行收兵。比至陈,车六七百乘,骑千余,卒数万人。攻陈,陈守令皆不在,独守丞与战谯门中,弗胜,守丞死,乃入据陈。数日,号令召三老、豪杰与皆来会计事。三老、豪杰皆曰:"将军身被坚执锐,伐无道,诛暴秦,复立楚国之社稷,功宜为王。"陈涉乃立为王,号为张楚。

那时蕲县在大泽乡的西南角,今安徽宿县之南;现在也有一个蕲县,在湖北省。葛婴带兵是向西,如谯县,今之亳县;苦县,今之鹿邑;柘县,今之柘城;酂城在今永城的西北,都在河南、安徽交界之处。最后攻下的陈郡,即今天的淮阳。秦国在那个地区的各个县这时似乎没有任何防御的能力。这个地区原来都是楚国的地域,这也许与秦始皇在二十六年(前221年)平定六国以后销毁武器有关,"收天下之兵,聚之咸阳,销以为钟鐻,金人十二,重各千石,置廷宫中"(《史记·秦始皇本纪》)。各地既没有防御的军队,也没有足够的兵器。裁军销兵太早,所以一旦有乱,便没有可以防卫的力量。另一个因素是官民对立,《史记·陈涉世家》便讲道:"当此时,诸郡县苦秦吏者,皆刑其长吏,杀之以应陈涉。"

秦国的政策,本来民是"以吏为师",吏怎么会一下子成为民的对立面呢?1975年冬,湖北云梦县睡虎地出土了陪葬的一批秦简,这批秦简的年代应在秦昭王到秦始皇之间,墓主是秦始皇二十年(前227年)入葬的,他是秦国在南阳的内史,名腾,竹简中有一篇文章,题目叫《为吏之道》,也就是秦王朝为地方官规定的行为守则,其文云:

> 凡为吏之道,必精絜(洁)正直,慎谨坚固,审悉毋私,微密纎(纤)察,安静毋苛,审当赏罚,严刚毋暴,廉而毋刖,毋复期胜,毋以忿怒夬(决)。宽俗(容)忠信,和平毋怨,悔过勿重。兹(慈)下勿陵,敬上勿犯,听间(谏)勿塞。

从这一段文字看，它是要求为吏者必须遵守的道德修养和行为准则，涵盖了各个方面。简文中还讲为官者在修养上要能做到这些方面："怒能喜，乐能哀，智能愚，壮能衰，勇能屈，刚能柔，仁能忍。"还说："毋喜富，毋恶贫，正行修身。"看来，秦末官民之间如此对立，另有其实际原因。

四、刘邦起兵的原因及经过

刘邦起兵的经过，《史记·高祖本纪》讲道：

> 高祖以亭长为县送徒郦山，徒多道亡。自度比至皆亡之，到丰西泽中，止饮，夜乃解纵所送徒。曰："公等皆去，吾亦从此逝矣！"徒中壮士愿从者十余人。高祖被酒，夜径泽中，令一人行前。行前者还报曰："前有大蛇当径，愿还。"高祖醉，曰："壮士行，何畏！"乃前，拔剑击斩蛇。蛇遂分为两，径开。行数里，醉，因卧。后人来至蛇所，有一老妪夜哭。人问何哭，妪曰："人杀吾子，故哭之。"人曰："妪子何为见杀？"妪曰："吾子，白帝子也，化为蛇，当道，今为赤帝子斩之，故哭。"人乃以妪为不诚，欲告之，妪因忽不见。后人至，高祖觉。后人告高祖，高祖乃心独喜，自负。诸从者日益畏之。

这个故事与陈涉起兵的经过相似,陈涉有九百人被县尉押赴渔阳戍边,因大雨误期,而密谋起兵造反,然后借助鱼肚子里的帛书"陈胜王",才能威众以起事,说明那时的人们对鬼神非常迷信。刘邦也是押徒去骊山服役,与陈涉不同的是,他押送的人中途逃亡了,于是干脆决定大家一起逃亡于山泽。后面赤帝子斩白帝子的故事,可能是当时人编的,后人再添油加醋。从起兵的原因可以看到,那时民众负担的徭役太重,在咸阳要修阿房宫与骊山墓,那都是大工程,要从全国征发农民服役,北方要戍边,还要修长城,当然要征发大量的徭役,开辟南方的边疆也要派人戍边。征发那么多人充当徭役,是促使官民对立的根本原因。《史记·秦始皇本纪》讲到那时营建宫殿的状况,其云:

> 乃营作朝宫渭南上林苑中。先作前殿阿房,东西五百步,南北五十丈,上可以坐万人,下可以建五丈旗。周驰为阁道,自殿下直抵南山。表南山之颠以为阙。为复道,自阿房渡渭,属之咸阳,以象天极阁道绝汉抵营室也。阿房宫未成;成,欲更择令名名之。作宫阿房,故天下谓之阿房宫。隐宫徒刑者七十余万人,乃分作阿房宫,或作丽山。

这里的阿房是地名,作宫于此,故名阿房宫,此建筑据现在考古证明确实没有建成，只做了殿的地基。隐宫徒刑者是居住在此服役的囚徒，即多达七十万人，为营建骊山墓与阿房宫服役。我们现在看到的兵马俑，要有多少劳力才能制作出来啊！《史记·秦始皇本纪》称秦王"关中计宫三百，关外四百余"，要维护这么多宫殿需要多少劳动力？加上修驰道、筑长城、戍边开疆，以及服兵役的，可以想见秦统一六国以后，过于急功近利；耗费如此大量的劳力，亦可见农民徭役负担之重。通过郡县的官吏如此大规模地征发徭役，自然加剧了地方上官民之间的对立，故郡县的守令丞尉往往成为起义农民报复的对象，"诸郡县苦秦吏者，皆刑其长吏，杀之以应陈涉"也就不是偶然的了。刘邦在沛县起兵，沛令首先成为民众泄愤的对象。秦二世元年（前209年）秋七月，陈涉起兵于蕲，至陈，自立为楚王，沛在北面，当然受其影响。《史记·高祖本纪》称：

> 沛令恐，欲以沛应涉。掾、主吏萧何、曹参乃曰："君为秦吏，今欲背之，率沛子弟，恐不听。愿君召诸亡在外者，可得数百人，因劫众，众不敢不听。"乃令樊哙召刘季。刘季之众已数十百人矣。
>
> 于是樊哙从刘季来。沛令后悔，恐其有变，乃闭城城守，欲诛萧、曹。萧、曹恐，逾城保刘季。刘季乃书帛射城上，谓沛父老曰："天下苦秦久矣。今父老虽为

沛令守，诸侯并起，今屠沛。沛令共诛令，择子弟可立者立之，以应诸侯，则家室完。不然，父子俱屠，无为也。"父老乃率子弟共杀沛令，开城门迎刘季，欲以为沛令。……乃立季为沛公。……于是少年豪吏如萧、曹、樊哙等皆为收沛子弟二三千人，攻胡陵、方舆，还守丰。

刘邦为沛公，这是陈涉在秦朝统治上打开一个缺口以后，原来因逃避徭役而亡命的山泽之徒，与地方上豪吏收沛之子弟起兵杀沛令而成为一方的霸主了。从沛令被杀的过程，也可以看到秦二世时，地方政权几乎毫无还手余地。地方上的社会治安问题，不是到了秦二世才有，实际上秦始皇在位的最后几年便已有了，只是不成气候，由于秦始皇的威望还在，所以很快便被扑灭了。秦始皇突然去世后，中央政权忙于内争，自相残杀，赵高专权，未能及时改变政策，缓解社会矛盾，继续无限制地征发徭役，激化社会矛盾。正如贾谊在《过秦论》中所言：

(秦二世)重之以无道，坏宗庙与民，更始作阿房宫，繁刑严诛，吏治刻深，赏罚不当，赋敛无度，天下多事，吏弗能纪，百姓困穷而主弗收恤。然后奸伪并起，而上下相遁，蒙罪者众，刑戮相望于道，而天下苦之。自君卿以下至于众庶，人怀自危之心，亲处穷苦之实，咸不安其位，故易动也。

陈涉起兵，之所以会一呼百应，是那个时代内外矛盾的爆发。偌大一个大秦帝国，竟没有一个人忠心耿耿为其守土保国，可见这是大势所趋。秦二世与赵高的倒行逆施，自坏长城，只是加速了这场矛盾的爆发。故刘邦的起家是那个时候的时势为他提供了机会，如果没有这样的机会，刘邦也不过是亡命山泽的一股盗贼而已，成不了大的气候。这是从时势讲。从刘邦在沛起家的状况看，他这个集团的组成，亦还有其他集团不具备的优势。在这个集团内，有以樊哙、周勃为代表的勇于斗争的流氓无产者群体，没有这样的群体便不可能在战场上冲杀，战胜其他集团；还有如萧何、曹参那样的县一级基层官吏，他们有管理和组织的才能，更有谋略和长远的眼光，加上刘邦为人大度，能容得下人，好酒及色，能与这些流氓无产者混迹在一起，并且他在泗水做过亭长，自身也有斗争的经验，县衙门那些官吏他可以"无所不狎侮"（《史记·高祖本纪》）。这样一群黑白二道的人物集合在一起，又遇上秦末天下大乱的时机，这个集团的潜能就无可限量，加上沛县两三千子弟的参预，在秦末大乱的格局下，自然会有贤能之士若张良与陈平，有能力的人如韩信等向他靠拢。刘邦能不能成为一时之英雄，那就看他能不能乘势而为，能不能团结一帮能人才士在自己周围，并用其所长；能不能做到能屈能伸，因时而为；能不能争取他与项羽之间的中间力量;能不能分化瓦解项羽的核心力量,使项羽变成孤家寡人,为打败项羽创造条件。从中国历史上看,这是一个时势造英雄的时代,也为英雄们提供了上演英勇、威武大剧的舞台,能否成气候,说到底也就是看主客观条件能否配合得恰到好处。

五、项梁与项羽起兵的原因与经过

项梁与项羽起兵,《史记·项羽本纪》有一段很精彩很生动的描述,其云:

> 秦二世元年七月,陈涉等起大泽中。其九月,会稽守通谓梁曰:"江西皆反,此亦天亡秦之时也。吾闻先即制人,后则为人所制。吾欲发兵,使公及桓楚将。"是时桓楚亡在泽中。梁曰:"桓楚亡,人莫知其处,独籍知之耳。"梁乃出,诚籍持剑居外待。梁复入,与守坐,曰:"请召籍,使受命召桓楚。"守曰:"诺。"梁召籍入。须臾,梁眴籍曰:"可行矣!"于是籍遂拔剑斩守头。项梁持守头,佩其印绶。门下大惊,扰乱,籍所击杀数十百人。一府中皆慴伏,莫敢起。梁乃召故所知豪吏,谕以所为起大事,遂举吴中兵。使人收下县,得精兵八千人。梁部署吴中豪杰为校尉、候、司马。有

一人不得用，自言于梁。梁曰："前时某丧使公主某事，不能办，以此不任用公。"众乃皆伏。于是梁为会稽守，籍为裨将，徇下县。

如果比较一下刘邦与项梁、项羽起兵的情况，二者有同有异。项梁与项羽是贵族出身，刘邦则是布衣出身。从人物性格上讲，刘邦大度，善于容人，故受沛人之拥戴。项梁有组织才能，项羽有勇气，力大无比。起事的时间都是七月陈涉起兵以后的九月间，可见陈胜起兵影响之大。从沛令与会稽郡守之比较看，沛令是县令，郡守地位要高一级。陈涉起兵以后，在这个地区，"楚兵数千人为聚者，不可胜数"（《史记·陈涉世家》）。所以这两个官员才会感到秦大势已去，秦国再也无法挽救他们，因而思想动摇想起兵参加反秦的队伍。

而沛令决定起兵之后又反悔了，所以被杀。秦国在地方上的郡守、县令都不得人心，由于频繁的徭役征发，在当地都弄得天怒人怨，没有群众基础，所以他们想借助于山泽的亡命之徒，想在群众起来时占得先机。结果原来的秩序一旦动摇，他们自己却成为群众起事用来祭旗的牺牲品。项梁这个人世世为将出身，又有组织能力，还有侄儿项羽那样英勇善战的帮手，怎么会甘居郡守之下呢？会稽郡守，《汉书·项籍传》称假守，即兼太守的职务，名通，《楚汉春秋》云其姓殷。当他与项梁商议起事之时，缺少防备之心，反而为项梁提供了借他人头起事的机会。项羽带过江的江东八千子弟兵，便是借着会稽太守所佩的印绶召集起来的。秦国地方政权趋于瓦解时，也不是没有地方官被当地群众起兵拥戴的，那要看他平时的为人及其在当地与群众的关系如何，如陈婴便是典型的例子。《史记·项羽本纪》云：

> 陈婴者，故东阳令史，居县中，素信谨，称为长者。东阳少年杀其令，相聚数千人，欲置长，无适用，乃请陈婴。婴谢不能，遂强立婴为长，县中从者得二万人。少年欲立婴便为王，异军苍头特起。陈婴母谓婴曰："自我为汝家妇，未尝闻汝先古之有贵者。今暴得大名，不祥。不如有所属，事成犹得封侯，事败易以亡，非世所指名也。"婴乃不敢为王。谓其军吏曰："项氏世世将家，有名于楚。今欲举大事，将非其人，不可。我倚名族，亡秦必矣。"于是众从其言，以兵属项梁。项梁渡淮，黥布、蒲将军亦以兵属焉。凡六七万人，军下邳。

东阳在淮河以南，今安徽天长西北，秦灭楚后置县。令史，是县令身边的文书官员，地位不高。陈涉起兵以后，各地纷纷响应，东阳县是当地青少年自发起来杀其县令，几千人聚合在一起。没有领袖，由于陈婴办事公正、谨慎，所以立陈婴为其长。这种状况历来如此,直到辛亥革命。武昌起义是革命党自己搞起来,都是下级军官,便一定要拖一个黎元洪出来当头头。这里面道理是一样的,因为他有威望。陈婴的母亲反对称王,也有她的道理,称王风险太大,弄不好成为众矢之的,项梁是一棵大树,傍大树多少可以遮荫。所以宁可以兵属项梁。

黥布与刘邦一样也是草头王,那个时期的江淮地区,"数千人为聚"的草头王不可胜数,而以项梁的威望最高,故项梁过江以后,江淮地区的草头王都带了人马归附于他,部队一下子扩充得规模很大,这是地方上各个山头汇合的结果。

这里值得注意的是"异军苍头特起",陈胜起兵时,也有苍头军,《汉书·陈胜传》也讲:"胜故涓人将军吕臣为苍头军,起新阳,攻陈下之,杀庄贾,复以陈为楚。""苍头军"的称呼在战国就有了,《战国策》称魏有苍头军二十万,所以称之为苍头,因其戴青帽,身份与一般农民不同,所以称之异军。《礼记疏》谓:"汉家仆隶谓苍头,以苍巾为饰,异于民也。"《汉书·霍光传》谓其兄子禹曾"使苍头奴上朝谒",故苍头实际上是奴仆。《晋书·石崇传》云有"苍头八百人",苍头军实际上是以奴仆充军。可见当时起义队伍中奴隶与谪戍的囚犯占了很大的比例。

秦末群聚而起的案例与抗战时期八路军的发展壮大有很大相似性。当时国民党溃败,日伪政权一下子建立不起来,各地的山大王纷纷而起,这个时候八路军东进敌后,大量的失地农民、失业市民，在山大王统率下，都汇合到八路军名下，部队一下子扩充到几十万人。红军到延安时，不过二万五千人，队伍为什么发展那么快？无非是高举抗日大旗，到了华北这个原来权力结构处于无序状态的农村区域，自然形成了八路军的根据地。

项羽尽管勇敢善战，项梁有组织能力，但还得有一个智囊团为他出主意才行。刘邦这个集团先有萧何、曹参，后来有张良、陈平，有那么一批知识分子为他出谋划策才能取得发展。项梁、项羽这个集团同样如此，范增就起到了这样的作用。《史记·项羽本纪》云：

> 居鄛人范增，年七十，素居家，好奇计，往说项梁曰："陈胜败固当。夫秦灭六国，楚最无罪。自怀王入秦不反，楚人怜之至今，故楚南公曰'楚虽三户，亡秦必楚'也。今陈胜首事，不立楚后而自立，其势不长。今君起江东，楚蜂午之将皆争附君者，以君世世楚将，为能复立楚之后也。"于是项梁然其言，乃求楚怀王孙心民间，为人牧羊，立以为楚怀王，从民所望也。陈婴为楚上柱国，封五县，与怀王都盱台（眙）。项梁自号为武信君。

范增是一个七十岁的老人，好奇计，也就是一个智囊人物。一个地区或者国家总需要这几方面的人：一个是领导者或者决策者；一个是参谋人员，他要善于观察分析形势，既能提出方案，又能上下一致地做好思想工作；一个是组织实施者，在政府机构是各级行政官员，在战场上，那是前方勇于冲锋陷阵的勇将。要分工于这三方面的成员相互配合得好，才能保障这个集团顺利地得到发展。如果这三方面的关系协调得不好，那就难了。

要立流落在民间牧羊的楚怀王的孙子姓熊名心者，那是因为这个地区原来是楚国统治的，历史有它因袭的因素，正如西汉末，在人们心目中只有姓刘的人才能称王称帝那样，绿林军要找姓刘的叫刘玄做王，即更始帝。赤眉军也要找一个姓刘的放牛娃做王，赤眉军中"诸三老、从事皆大会陛下，列盆子等三人居中立（这三个人是刘盆子与他的哥哥刘恭、刘茂），以年次探札。盆子最幼，后探得符，诸将乃皆称臣拜。盆子时年十五，被发徒跣，敝衣赭汗，见众拜，恐畏欲啼。茂谓曰：'善藏符。'盆子即啮折弃之，"刘盆子坐上王位，"而犹从牧儿遨。"（《后汉书·刘盆子传》）这就是刘盆子了。

《韩非子·显学》有那么一句话："宰相必起于州部，猛将必发于卒伍。"用现在的话讲，宰相要在曾经在地方上掌握过全局的人中选择，将军要来自行伍出身，因为他们都经历过实际斗争的磨练。靠别人来扶持是靠不住的，如果你靠在别人身上，那只能是一个过渡性人物，将来谁来当领袖，或许还是要在斗争中形成的。刘盆子最终是随赤眉军退出长安以后，一起当了光武帝的俘虏。光武帝刘秀是在斗争中形成自己地位的，扶是扶不起来的，靠别人扶，那就是刘备的儿子阿斗了。尽管有诸葛亮"鞠躬尽瘁死而后已"的辅佐，他最终还是被送到洛阳，说"乐不思蜀"以图自存，岂不可悲。楚怀王的孙子熊心，实际上也就是这样的人物，是项梁扶他起来，项羽根本没有把他放在心上，之所以没有马上收拾他，也只是碍于各个山头之间的相互关系，需要这个傀儡来平衡一下，等项羽称霸王时，熊心便成为多余的了，项羽就让黥布把他淹死在江中。

人有两种角色，一种是令者，一种是受令者。令者是决策者的角色，比较有独立判断的精神；而受令者能很好地贯彻令者的意志，在实施过程中取得实际效果。我们知道，一个好的领导班子，固然需要有一个有威望的好带头人，更需要班子中所有成员之间团结一致、思想一致、互相协调。有矛盾并不奇怪，问题是要有能力妥善处理矛盾，且大家都有顾全大局并能委曲求全的观念。

历史总会给每一个人以某种机会，你驾驭得了吗？历史的结局总是各种因素互动的结果，只有识时务者才能成俊杰。话说回来，问题的关键是能不能正确地认识自己所处的环境及其趋势，也就是正确认识形势，然后给自己一个正确的定位，从实际出发顺势而为，时势造英雄。当然，有适当的时机英雄也能造时势啊！

任何一个人，不管你处在什么地位，多一点历史知识或许能帮助你冷静地观察所经历的一切事件，打破一切偏见，求得真知，或许还能启发你思考眼前所面临的形势，帮助你正确地给自己定位，帮助你知己知彼地趋利避害。一部中国历史，它能为你提供许许多多案例，每个案例都有错综复杂的矛盾，不断地剖析这些案例，会为你提供无穷无尽的智慧，比西方课堂上讲的那些案例要丰富得多。毛泽东熟悉中国历史，无非是能由表及里、由此及彼地让这许许多多历史上各种类型成或败的案例，因时因地为我所用。毛泽东总能从古人身上看到今人的影子，这是很不容易的事，既要看透古人，更要看透今人，达到古为今用。

过去照搬苏联那套洋教条不行，失败了。现在有一些人想照搬美国那套教条，前途也不妙。

《易》经《乾》卦中有两句老话："天行健，君子以自强不息"，"君子学以聚之，问以辩之，宽以居之，仁以行之"。如果从一个民族和国家讲，那就是独立自主、自力更生、奋发图强的精神，这可是我们立国的传家宝啊！"学以聚之"，究竟学什么呀？"问以辩之"，问什么？议论什么？首先还是我们自己国家的历史，所以不能轻视对中国历史的学习。讲历史无非是正确认识发育在这块大地上的中国传统文化的巨大意义和影响，无非是把我们自己经历的近百年的中国历史想清楚、说清楚，因为它关系到我们未来的走向啊！无非是因时因地把一个又一个真实的于当前有意义的历史案例说清楚，即便是惨痛的教训，说清楚它也能发人深省，如果真能把这做好，那就功德无量了。读历史，我们要学习毛泽东与众不同的读史嗜好，他的长处是能适时地提出历史上曾经有的案例，启发人们去思考，他不在乎这些案例的结果如何，因为结果是受各种客观条件限制的，而在于他善于思考和分析问题的方法，使这些案例启发人们举一反三地去深省。

六、关于陈胜失败的原因

陈涉起兵以后,两淮地区原楚地的山大王们一拥而起,如此汇合起来的队伍,不可能迅速建立严密的组织结构。陈涉在陈建张楚,陈在今河南淮阳,陈是故国,为楚所灭,故有都城。这时陈胜在陈迅即派兵四面出击,有的向北如武臣、张耳、陈馀攻击赵,周市击魏,向南则派邓宗攻击九江郡,主力由吴广率领向西进攻荥阳,接着又让陈人周文率军西向迎击秦军。如此兵力分散,易被秦军各个击破。

秦国这时则令少府章邯率领在骊山服役的囚徒,及人奴产子为军击楚军,先后打败周文及吴广的军队。陈馀却在邯郸自立为赵王,不愿出兵助楚击秦军,反而出兵向北方发展,扩大自己的地盘。据守荥阳的楚军又内讧,田臧杀了吴广,陈胜只能认可,以田臧为令尹,迎击章邯的军队,结果又被击败。这样章邯直接进攻陈周围的楚军,陈胜被为其御车的庄贾杀死,军队败降。时间是在二世二年的腊月,从起兵到称王,最终被杀,陈胜政权不过维持了一年半时间。

陈胜被杀以后，楚的军队还没有散，如陈胜的故人涓人将军吕臣为苍头军，起新阳，攻陈下之，杀庄贾，复以陈为楚，那时正是项梁带了江东八千子弟兵过江入淮，抗秦的楚军还在蜂拥而起，最终还是陈胜所遣的王侯将相推翻秦朝。那么为什么陈胜不能很好地组织自己手下汹涌而起的那股力量来保卫自己，最后却反而被杀呢？《史记·陈涉世家》总结陈涉之所以失败的原因，曾讲了一段话，其云：

> 陈胜王凡六月。已为王，王陈。其故人尝与庸耕者闻之，之陈，扣宫门曰："吾欲见涉。"宫门令欲缚之。自辩数，乃置，不肯为通。陈王出，遮道而呼涉。陈王闻之，乃召见，载与俱归。入宫，见殿屋帷帐，客曰："夥颐！涉之为王沈沈者！"楚人谓多为夥，故天下传之，夥涉为王，由陈涉始。客出入愈益发舒，言陈王故情。或说陈王曰："客愚无知，颛妄言，轻威。"陈王斩之。诸陈王故人皆自引去，由是无亲陈王者。

毛泽东在《史记·陈涉世家》这一段文字的天头上，批注了两个大字："一误。"陈涉错在哪里呢？陈涉到了陈，从这段文字可以知道陈涉在陈的宫殿及其殿上的帷帐庶物很多很多，故称

"夥颐",沈沈者,是形容其宫殿深邃之形状,刚取得一点胜利,便讲究生活上的奢侈,这不是好兆头。如刘邦西入咸阳时,秦国的宫殿规模,要比陈宏伟壮丽得多,《史记·高祖本纪》称刘邦:"遂西入咸阳,欲止宫休舍,樊哙、张良谋,乃封秦重宝财物府库,还军霸上。"秦王在咸阳的宫殿,刘邦进不得,一进就忘乎所以了,大局未定,进了深宫,你就与自己的部属疏远了,迷恋于奢侈的生活享受,"福兮祸所倚"。

再就是不念故人,当年与陈胜一起庸耕的故旧去见陈胜,可是其门禁森严,见不到他,在宫门前求见,几乎被抓缚,在路边见陈胜出巡,"遮道而呼涉",才得以相见。故人相见,话旧是自然的事,怎能把故人说你当年的事当作罪状呢?怕影响自己的威望而杀了故旧,那谁还敢亲近你呢?那还不弄得个众叛亲离嘛!《史记·陈涉世家》还说:

> 陈王以朱房为中正,胡武为司过,主司群臣。诸将徇地,至,令之不是者,系而罪之,以苛察为忠。其所不善者,弗下吏,辄自治之。陈王信用之。诸将以其故不亲附,此其所以败也。

毛泽东在这一段文字的天头上,又批注了两个大字:"二误。"文中用红笔画着重线。为什么这个地方是陈涉的失误呢?毛在这

043

篇传记中"吴广素爱人，士卒多为用者"，"王侯将相宁有种乎！"这两个地方也用红笔画着红线，在这刚刚取得初步胜利的时候，团结自己的部下是第一位的，要爱护自己的属下是第一位的。"王侯将相宁有种乎！"那是鼓励大家努力奋斗嘛！怎能苛察属下呢？重用朱房、胡武这些酷吏也不是时候，最后落得一个孤家寡人，还不是死在战场上，而是为自己的御者庄贾所杀。用人要有气度，在这一点上，刘邦就比较大度，在节骨眼上一定要如此才行。《汉书·韩信传》有那么一个故事：

(韩信平齐，)使人言汉王曰："齐夸诈多变，反覆之国，南边荒楚，不为假王以填之，其势不定。今权轻，不足以安之，臣请自立为假王。"当是时，楚方急围汉王于荥阳，使者至，发书，汉王大怒，骂曰："吾困于此，旦暮望而来佐我，乃欲自立为王！"张良、陈平伏后蹑汉王足，因附耳语曰："汉方不利，宁能禁信之自王乎？不如因立，善遇之，使自为守。不然，变生。"汉王亦寤，因复骂曰："大丈夫定诸侯，即为真王耳，何以假为！"遣张良立信为齐王，征其兵使击楚。

刘邦在这个时候，虽然不满韩信急于称齐王，但得忍，如果得罪韩信，结果必然是自己四面树敌，而陈涉这个时候重用朱房和胡武，以苛察治属下，在你困难的时候，谁还愿意来援手相救呢？故司马迁称"诸将以其故不亲附，此其所以败也"。

七、刘邦与项羽进击秦军的比较

项梁引江东八千子弟兵过江,进入淮南地区,军队的规模迅速壮大,当时陈胜已因军事失败而不知所踪,广陵人秦嘉另立景驹为楚王,与项梁相对抗,为项梁所败。项梁并其军,引兵入薛,薛在今徐州之北,隔洪泽湖与沛县相望,刘邦率沛地士卒参加项梁的部队。

那时确定陈胜已死,范增建议立楚王之后,于是立为人牧羊的楚怀王的孙子熊心为楚怀王,以陈婴为楚上柱国,建都城盱眙,其地在洪泽湖之南,今江苏盱眙之北,以避秦军兵锋,项梁自号武信君。于是率军继续北上联合齐地田荣和司马龙且的军队抵抗秦军,在东阿,今山东东阿西南,打败秦军。于是楚军由东阿西进定陶(定陶在今山东之西南部,万福河上游,秦置定陶县,即春秋末范蠡经商之地"陶",那个地方是东西、南北交通的要枢),这次西进,项羽等再败秦军。这时项梁骄傲了,《史记·项羽本纪》称项梁至定陶,再破秦军,项羽等又斩李由,"益轻秦,有骄色。

宋义乃谏项梁曰:'战胜而将骄卒惰者败。今卒少惰矣,秦兵日益,臣为君畏之。'项梁弗听。"

记得毛泽东在1944年11月给郭沫若的信中,便讲到明末李自成失败的问题,他说:"小胜即骄傲,大胜更骄傲,一次又一次吃亏,如何避免此种毛病,实在值得注意。"他在同年4月间作《学习与时局》的报告时说:"我党历史上曾经有过几次表现了大的骄傲,都是吃了亏的。"还说:"全党同志对于这几次骄傲都要引以为鉴戒,近日我们印了郭沫若论李自成的文章,也是叫同志们引为鉴戒,不要重犯胜利时骄傲的错误。"

项梁就是在这个问题上吃了亏,他分兵让项羽与刘邦去攻陈留(陈留在今河南开封的东南方向),而自己则在定陶与秦军主力作战。"秦果悉起兵益章邯,击楚军,大破之定陶,项梁死。"项梁战亡,对楚军当然是重大的打击,于是刘邦、项羽及吕臣的苍头军东撤至彭城周围。章邯打败项梁以后,认为楚军已被打垮,不足忧,于是渡黄河,北击赵,又大破赵军,两军相持于巨鹿(巨鹿在今邯郸的东北),守巨鹿的是陈馀和张耳,他们原来都是陈胜的部属。

楚兵失利于定陶,楚怀王便由盱眙到彭城(今江苏徐州),召集陈胜的余部,共商对策。项梁虽然战死,但楚军主力尚在,这时楚怀王熊心可以做主安排自己军队的组合了,自己来管辖项羽和吕臣的军队,以吕臣为司徒,其父吕青为令尹,想依靠苍头军东山再起,以刘邦为砀郡长(砀郡在泗水郡的西北边,大致范围在今安徽砀山一带)。于是商量对付秦军的策略,秦军主力在围赵的巨鹿,诸起义部队集合救赵。与章邯部队决战是主战场,以宋义为上将军,项羽为鲁公,为次将,范增为末将,率主力北上救赵。而以刘邦西出收陈王、项梁散卒,西入咸阳,以牵制秦的主力,向西发展与彭越的军队汇合。这两支分兵攻秦的军队,都打了大胜仗,但两支部队的作战方式不同,项羽是以力取,而刘邦则是智取。下面先说项羽这支部队如何打败章邯的,再说刘邦如何进咸阳的。从实力讲,项羽远远强于刘邦,结果在楚汉相争中,项羽败于刘邦。

宋义带领项羽、范增这支部队北上救赵,部队到了安阳,没有过黄河去救赵国的巨鹿,他的理由是秦赵相争,现在最好的办法是坐山观虎斗,无论哪一方胜,军队都会非常疲惫,然后自己再见机行事。项羽反对这样做,认为这时秦军围赵于巨鹿,迅速引兵渡河,楚击其外,赵应其内,那么破秦军便不在话下了。宋义拒绝了项羽的建议,认为披坚执锐,我不如你项羽,坐而划策,你项羽不如我。项羽认为楚军现在不可久留,军无足粮,以秦之强,攻新造之赵,其势必举赵,赵被灭而秦强,怎么能乘人之敝呢?于是项羽乘早朝杀了宋义,出军令曰:"宋义与齐谋反楚,楚王阴令羽诛之。"于是大家拥项羽为假上将军,楚怀王只得追认项羽为上将军。项羽于是率兵渡河与秦军决战。

乃遣当阳君、蒲将军将卒二万渡河，救巨鹿。战少利，陈馀复请兵。项羽乃悉引兵渡河，皆沉船，破釜甑，烧庐舍，持三日粮，以示士卒必死，无一还心。于是至则围王离，与秦军遇，九战，绝其甬道，大破之，杀苏角，虏王离。涉间不降楚，自烧杀。当是时，楚兵冠诸侯。诸侯军救巨鹿下者十余壁，莫敢纵兵。及楚击秦，诸将皆从壁上观。楚战士无不一以当十，楚兵呼声动天，诸侯军无不人人惴恐。于是已破秦军，项羽召见诸侯将，入辕门，无不膝行而前，莫敢仰视。项羽由是始为诸侯上将军，诸侯皆属焉。（《史记·项羽本纪》）

司马迁这一段描述项羽救巨鹿的战役，最为精彩生动。那时各诸侯国救赵的军队都筑壁自卫，不敢与秦决战，所以秦军对楚救巨鹿的决心估计不足，对项羽的猛打猛攻没有思想准备，为项羽所破。另一方面项羽的破釜沉舟显示其决心之大，在兵家叫做置之死地而后生。这一仗树立了楚军的威信，显示了项羽的英雄本色，确立了项羽成为霸主的地位。

回过头来再看秦军章邯的处境，秦军虽然在巨鹿之战损兵折将，但主力还在，《史记·项羽本纪》称章邯军棘原（棘原在巨鹿的南面，巨鹿在河北平乡的西南），项羽军漳河南，谓漳水之南岸，两军隔岸对峙。这一次秦军的失利使章邯在秦朝廷的地位发生动摇，秦二世派人责备章邯，而章邯派长史司马欣去咸阳，赵高不见。其回到章邯营地，对章邯说："赵高用事于中，下无可为者。今战能胜，高必疾妒吾功；战不能胜，不免于死。愿将军孰计之。"这个话是告诉章邯，现在他的处境进退两难，胜难免为赵高所妒忌，败亦不免于死。那时赵的陈馀亦遗书给章邯，其云：

> 白起为秦将，南征鄢郢（指楚地），北坑马服（指坑赵卒四十万，马服是赵括之父赵奢的封号），攻城略地，不可胜计，而竟赐死。蒙恬为秦将，北逐戎人，开榆中地数千里，竟斩阳周（在陕北子长县北）。何者？功多，秦不能尽封，因以法诛之。今将军为秦将三岁矣，所亡失以十万数，而诸侯并起滋益多。彼赵高素谀日久，今事急，亦恐二世诛之，故欲以法诛将军以塞责，使人更代将军以脱其祸。夫将军居外久，多内却，有功亦诛，无功亦诛。且天之亡秦，无愚智皆知之。今将军内不能直谏，外为亡国将，孤特独立而欲常存，岂不哀哉！将军何不还兵与诸侯为从，约共攻秦，分王其地，南面称孤，此孰与身伏铁质，妻子为僇乎？

陈馀的这些话也确实触及了章邯当时处境的困难和矛盾，

继续为秦国作战，则进退失据，留下一条路就是与义军相约，保持自己的独立性。但义军不是一支统一的军队，项羽是否容得了他又是一个问题。于是章邯动摇了，试着派他的军候始成（军候是侦察官）去找项羽，看能否联合反秦，没有谈成，项羽继续追击秦军，在三户（即漳水所终的三户峡）渡漳水，在漳南与秦军战，秦军败，在汙水（故邢国地，太行山南端）再败秦军，章邯降于项羽。于是立章邯为雍王，让长史司马欣为上将军，将秦军西击秦。但项羽带领的诸侯的军队，都曾在秦国关中服过徭役，关中的吏卒曾欺侮过他们，这次诸侯的吏卒都乘胜报复秦国降卒，这时秦的降卒处于两难境地，若能西入秦还好，若入不了关中，秦国会诛杀其父母妻子。秦降卒私下的议论被项羽知道以后，项羽让黥布和蒲将军在新安（今河南渑池东三十里）坑杀了秦降军二十万，然后西行向咸阳进军，这已是秦二世三年（前206年），刘邦已率军进入咸阳了。项羽杀降铸成大错，失去了关中百姓对他的信任。

刘邦西行一路并不平坦，刘邦率军北上攻昌邑（今山东巨野东南），昌邑未拔，西进过高阳（属陈留郡），于是有高阳酒徒郦食其见刘邦的故事。《史记·高祖本纪》云："郦食其谓监门，曰：'诸将过此者多，吾视沛公大人长者。'乃求见说沛公。沛公方踞床，使两女子洗足。（看来今之足浴，古已有之，有史为证）郦生不拜，长揖，曰：'足下必欲诛无道秦，不宜踞见长者。'

051

于是沛公起,摄衣谢之,延上坐。食其说沛公袭陈留,得秦积粟。乃以郦食其为广野君,郦商为将,将陈留兵,与偕攻开封,开封未拔。"转而南攻颍阳,《史记·高祖本纪》作"南攻颍阳,屠之",《汉书·高帝纪》作"四月,南攻颍川,屠之",而今之河南许昌为古之颍阴。据郦道元之《水经注》卷二十二"颍水条"称"颍水出颍川阳城县西北少室山",又称颍水"东南过颍阳县西,又东南过颍阴县西南"。应劭注曰:"县在颍水之阳,故邑氏之。""颍水又南迳颍乡城西,颍阴县故城在东北,旧许昌典农都尉治也。"所屠之城,究竟是颍阴还是颍川,因《史记》《汉书》两书记载不同,只能存疑。刘邦军队继续南下攻南阳郡,南阳郡在颍川郡之西南,郡治在宛,即今河南之南阳市。南阳守齮守宛,刘邦又欲引兵西向,《史记·高祖本纪》云:

张良谏曰:"沛公虽欲急入关,秦兵尚众,距险。今不下宛,宛从后击,强秦在前,此危道也。"于是沛公乃夜引兵从他道还,更旗帜,黎明,围宛城三匝。南阳守欲自刭。其舍人陈恢曰:"死未晚也。"乃逾城见沛公,曰:"臣闻足下约,先入咸阳者王之。今足下留守宛。宛,大郡之都也,连城数十,人民众,积蓄多,吏人自以为降必死,故皆坚守乘城。今足下尽日止攻,士死伤者必多;引兵去宛,宛必随足下后:足下前则失咸阳之约，后又有强宛之患。为足下计，莫若约降，封其守，因使止守，引其甲卒与之西。诸城未下者，闻声争开门而待，足下通行无所累。"沛公曰："善。"乃以宛守为殷侯，封陈恢千户。引兵西，无不下者。

……

及赵高已杀二世，使人来，欲约分王关中。沛公以为诈，乃用张良计，使郦生、陆贾往说秦将，啖以利，因袭攻武关，破之。又与秦军战于蓝田南，益张疑兵旗帜，诸所过毋得掠卤，秦人熹，秦军解，因大破之。又战其北，大破之。乘胜，遂破之。

由此可以知道，刘邦西行之师在南阳没有屠城杀降，善待降者，故一路向西如入无人之境，没有经过什么大的战斗，秦国的军队便迅速瓦解，顺利进入咸阳。《史记·高祖本纪》载刘邦入咸阳的状况：

汉元年（前206年）十月，沛公兵遂先诸侯至霸上（今西安南郊，蓝田县西，汉时属万年县）。秦王子婴素车白马，系颈以组，封皇帝玺符节，降轵道旁。诸将或言诛秦王。沛公曰："始怀王遣我，固以能宽容；且人已服降，又杀之，不祥。"乃以秦王属吏，遂西入咸阳。欲止宫休舍，樊哙、张良谏，乃封秦重宝财物府库，还军霸上。召诸县父老豪桀曰："父老苦秦苛法久矣，诽谤者族，偶语者弃市。吾与诸侯约，先入关者王之，吾当王关中。与父老约，法三章耳：杀人者死，伤人及盗抵罪。余悉除去秦法。诸吏人皆案堵如故。凡吾所以来，为父老除害，非有所侵暴，无恐！且吾所以还军霸上，待诸侯至而定约束耳。"乃使人与秦吏行县乡邑，告谕之。秦人大喜，争持牛羊酒食献飨军士。沛公又让不受，曰："仓粟多，非乏，不欲费人。"人又益喜，唯恐沛公不为秦王。

不杀降，军队守纪律，不贪图享受，抱着救苦除害的态度进入咸阳，当然得到关中地区百姓的支持和拥戴，这与项羽随意屠城杀降形成鲜明对比。硬攻出力的是项羽，随手即得的是刘邦，在西入咸阳这个问题上，刘邦之所以能取得成功，在于他能虚怀若谷，认真听取有益的意见：在昌邑与高阳相持不下时，他能听取郦食其的意见，西取陈留，得秦之积粟，军队给养便不成问题；在放弃进攻宛城时，他能听取张良的意见，先拿下宛城再进军；在宛城下能听取南阳守之舍人陈恢的意见，善待降人，这样他才能一路没有遇到太大的阻拦便进入咸阳。进咸阳以后他仍能宽待降人，保持军队严明的纪律，唯其如此，才能为他此后在关中站住脚跟打下基础，才能以关中为根据地，与项羽逐鹿天下。没有这些因素，如项羽一样拼力气，拼勇猛，那刘邦是绝不可能提前到达咸阳的。

八、鸿门宴——项羽带兵入咸阳以后的失策

刘邦进入咸阳以后,有人建议派兵守函谷关,拒绝项羽的军队入关中。那一年也就是汉元年的十一月,项羽率诸侯军入关,关门紧闭,知道刘邦已进咸阳了,于是大怒,派黥布攻破函谷关,大军进入关中。当时范增劝项羽派兵攻打刘邦,刘邦只有十多万人,项羽诸侯军有四十万,号称百万,而刘邦还没有作战的准备。项羽的叔叔项伯受过张良恩,想救张良,故前往刘邦军中劝张良离开刘邦。《史记·项羽本纪》对这段故事的记载,最为生动而具体,故引述于下:

> 项伯乃夜驰之沛公军,私见张良,具告以事,欲呼张良与俱去,曰:"毋从俱死也。"张良曰:"臣为韩王送沛公,沛公今事有急,亡去不义,不可不语。"良乃入,具告沛公。沛公大惊,曰:"为之奈何?"张良曰:"谁为大王为此计者?"曰:"鲰生说我曰:'距

关,毋内诸侯,秦地可尽王也。'故听之。"良曰:"料大王士卒足以当项王乎?"沛公默然,曰:"固不如也,且为之奈何?"张良曰:"请往谓项伯,言沛公不敢背项王也。"沛公曰:"君安与项伯有故?"张良曰:"秦时与臣游,项伯杀人,臣活之。今事有急,故幸来告良。"沛公曰:"孰与君少长?"良曰:"长于臣。"沛公曰:"君为我呼入,吾得兄事之。"张良出,要项伯。项伯即入见沛公。沛公奉卮酒为寿,约为婚姻,曰:"吾入关,秋豪不敢有所近,籍吏民,封府库,而待将军。所以遣将守关者,备他盗之出入与非常也。日夜望将军至,岂敢反乎!愿伯具言臣之不敢倍德也。"项伯许诺。谓沛公曰:"旦日不可不蚤自来谢项王。"沛公曰:"诺。"于是项伯复夜去,至军中,具以沛公言报项王。因言曰:"沛公不先破关中,公岂敢入乎?今人有大功而击之,不义也,不如因善遇之。"项王许诺。

沛公旦日从百余骑来见项王,至鸿门,谢曰:"臣与将军戮力而攻秦,将军战河北,臣战河南,然不自意能先入关破秦,得复见将军于此。今者有小人之言,令将军与臣有郤。"项王曰:"此沛公左司马曹无伤言之;不然,籍何以至此?"项王即日因留沛公与饮。项王、项伯东向坐,亚父南向坐。亚父者,范增也。沛公北向坐，张良西向侍。范增数目项王，举所佩玉玦以示之者三，项王默然不应。范增起，出召项庄，谓曰："君王为人不忍，若入前为寿，寿毕，请以剑舞，因击沛公于坐，杀之。不者，若属皆且为所虏。"庄则入为寿。寿毕，曰："君王与沛公饮，军中无以为乐，请以剑舞。"项王曰："诺。"项庄拔剑起舞，项伯亦拔剑起舞，常以身翼蔽沛公，庄不得击。于是张良至军门，见樊哙。樊哙曰："今日之事何如？"良曰："甚急！今者项庄拔剑舞，其意常在沛公也。"哙曰："此迫矣，臣请入，与之同命。"哙即带剑拥盾入军门。交戟之卫士欲止不内，樊哙侧其盾以撞，卫士仆地，哙遂入，披帷西向立，瞋目视项王，头发上指，目眦尽裂。项王按剑而跽曰："客何为者？"张良曰："沛公之参乘樊哙者也。"项王曰："壮士，赐之卮酒。"则与斗卮酒。哙拜谢，起，立而饮之。项王曰："赐之彘肩。"则与一生彘肩。樊哙覆其盾于地，加彘肩上，拔剑切而啖之。项王曰："壮士，能复饮乎？"樊哙曰："臣死且不避，卮酒安足辞！夫秦王有虎狼之心，杀人如不能举，刑人如恐不胜，天下皆叛之。怀王与诸将约曰'先破秦入咸阳者王之'。今沛公先破秦入咸阳，豪毛不敢有所近，封闭宫室，还军霸上，以待大王来。故遣将守关者，备他盗出入与非常也。劳苦而功高如此，未有封侯之赏，而听细说，欲诛有功之人。此亡秦之续耳，窃为大王不取也。"项王未有以应，曰："坐！"樊哙从良坐。坐须臾，沛公起如厕，因招樊哙出。

沛公已出，项王使都尉陈平召沛公。沛公曰："今者出，未辞也，为之奈何？"樊哙曰："大行不顾细谨，大礼不辞小让。如今人方为刀俎，我为鱼肉，何辞为！"于是遂去。乃令张良留谢。良问曰："大王来何操？"曰："我持白璧一双，欲献项王；玉斗一双，欲与亚父。会其怒，不敢献。公为我献之。"张良曰："谨诺。"当是时，项王军在鸿门下，沛公军在霸上，相去四十里。沛公则置车骑，脱身独骑，与樊哙、夏侯婴、靳强、纪信等四人持剑盾步走，从郦山下，道芷阳间行。沛公谓张良曰："从此道至吾军，不过二十里耳。度我至军中，公乃入。"沛公已去，间至军中，张良入谢，曰："沛公不胜杯杓，不能辞。谨使臣良奉白璧一双，再拜献大王足下；玉斗一双，再拜奉大将军足下。"项王曰："沛公安在？"良曰："闻大王有意督过之，脱身独去，已至军矣。"项王则受璧，置之坐上。亚父受玉斗，置之地，拔剑撞而破之，曰："唉！竖子不足与谋。夺项王天下者，必沛公也，吾属今为之虏矣。"沛公至军，立诛杀曹无伤。

著名的京剧《鸿门宴》便是根据《史记·项羽本纪》这一段精彩的记述改编的，司马迁距离汉初的时间还不远，这一事件当时当有档案记录，但宴会上如此紧张的气氛，如此紧凑的对话，如此鲜明的人物性格，有的当来自民间传说，有的则出自司马迁笔端，实际上这就开了纪实文学的先河，反映了当时口语化的状况。从人物性格上讲，项羽性格残暴，杀人不眨眼，他杀会稽守，剑起头落；杀宋义时当机立断，没有二话，没有什么信誉和道理好讲，有的只是利害关系。再说他想火并刘邦，因刘邦派人守函谷关，还有一点道理。但项伯替刘邦讲道理，项羽心就软了。刘邦上门表心意赔礼道歉，虽然是出于无奈，但也表示了对项羽的信任。这时项羽杀刘邦，会失掉人心，失去诸侯对他的信任。而范增考虑的是利害关系，这时不杀刘邦会错过良机，杀了刘邦，群龙无首，并吞刘邦的军队那就轻而易举，用不着大动干戈，这反映了范增这个人的老谋深算。

张良这个人物，同样也是智谋胜人一筹，在敌我强弱悬殊的情况下，刘邦只有低头。从刘邦的性格讲，这个人见机快，善于纳人之良言，又能屈能伸、随机应变，能在项羽面前卑躬屈膝，除去项羽对自己的疑窦。项庄舞剑，意在沛公，虽有项伯挡着，毕竟险象环生，三十六计，走为上计，在这种情况下，尽快滑脚溜掉，让张良来应付残局。

项羽失去了一次处理刘邦的最佳机会，因为这是刘邦送上门来的机会。范增最后的"竖子不足与谋",在关键时刻不能有不忍之心,这反映了范增这个人的性格,他不满项羽的情绪见诸言表,这也决定了两人不可能有始有终。他不理解项羽这时作为胜利者刚愎自用的心态,说话即使是正确的,为听者着想的话,也有时间、场合和条件的问题。樊哙的表现则充分显示出其有勇有谋,在强者面前毫不示弱的性格,同时又能随机应变,表现得恰到好处,过头的话反而会添乱。

司马迁这一段生动的描述,反映了史家敏锐的洞察和生动的表述,即使欣赏戏剧《鸿门宴》也没有读司马迁《史记·项羽本纪》那样印象深刻。当年毛泽东赴重庆谈判,还不是另一场鸿门宴嘛!所以章士钊给毛写条子,三十六计,走为上策,重庆不是毛久留之地。张治中还不就是项伯的角色嘛!

鸿门宴以后,项羽在咸阳做了两件缺德和失策的事情,缺德是屠咸阳,失策是分封诸侯王。《史记·项羽本纪》云:

> 居数日,项羽引兵西屠咸阳,杀秦降王子婴,烧秦宫室,火三月不灭;收其货宝、妇女而东。人或说项王曰:"关中阻山河四塞,地肥饶,可都以霸。"项王见秦宫室皆以烧残破,又心怀思欲东归,曰:"富贵不归故乡,如衣绣夜行,谁知之者!"说者曰:"人言楚人沐猴而冠耳,果然。"项王闻之,烹说者。

这件事项羽完全错了，没有远见，关中形胜之地焚而弃之。说他烧阿房宫则不一定，因为阿房宫尚未建成，说他焚秦宫，当是事实。大火三月不灭，未必如此，但没有人去灭火，烧光为止，焚烧的时间当然很长。楚人沐猴而冠，因猕猴不任久着冠带，此言楚人性格暴躁，没有耐心，错失了王天下的大好机会，白白送还给刘邦。项羽在关中做的另一件错事，便是分封诸侯王。这事实质上是权力和利益的再分配，胜利以后如何分享胜利果实，因为胜利是大家努力的结果，如果分配不均，最易引起内部自相纷争，历来都是如此。《史记·项羽本纪》云：

> 项王使人致命怀王，怀王曰："如约。"乃尊怀王为义帝。项王欲自王，先王诸将相。谓曰："天下初发难时，假立诸侯后以伐秦。然身被坚执锐首事，暴露于野三年，灭秦定天下者，皆将相诸君与籍之力也。义帝虽无功，故当分其地而王之。"诸将皆曰："善！"乃分天下，立诸将为侯王。项王、范增疑沛公之有天下，业已讲解，又恶负约，恐诸侯叛之，乃阴谋曰："巴、蜀道险，秦之迁人皆居蜀。"乃曰："巴、蜀亦关中地也。"故立沛公为汉王，王巴、蜀、汉中，都南郑。而三分关中，王秦降将以距塞汉王。项王乃立章邯为雍王，王咸阳以西，都废丘。长史欣者，故为栎阳狱掾，尝有德于项梁；

都尉董翳者，本劝章邯降楚。故立司马欣为塞王，王咸阳以东至河，都栎阳；立董翳为翟王，王上郡，都高奴。

这一段话是灭秦以后，如何论功行赏封王，项羽、范增对刘邦有戒心，不愿他在关中称王，故把他封到巴蜀与汉中，让刘邦在西部边远地区，免得将来生麻烦。而把关中地区一分为三，封秦之降将章邯、司马欣、董翳为王，一是防止刘邦返回关中，二是防止秦降将以关中坐大。项羽火烧咸阳三月，破坏了秦在关中的政治设施，认为从此可以达到一个力量的相对平衡，实际上这是不可能的。章邯、司马欣和董翳的降楚，秦卒二十万的被坑，他们不可能被关中百姓接受。对比刘邦与项羽入咸阳后的措施，显然关中的人民只会接受刘邦，不可能接受其他人来统治这个地区。项羽的安排反而为刘邦返回关中提供了有利的条件，这是项羽、范增始料未及的。下面再看项羽对关东地区的安排，《史记·项羽本纪》云：

徙魏王豹为西魏王，王河东，都平阳。瑕丘申阳者，张耳嬖臣也，先下河南，迎楚河上，故立申阳为河南王，都雒阳。韩王成因故都，都阳翟。赵将司马卬定河内，数有功，故立卬为殷王，王河内，都朝歌。徙赵王歇为代王。赵相张耳素贤，又从入关，故立耳为常山王，王赵地，都襄国。当阳君黥布为楚将，常冠军，故立布为九江王，都六。鄱君吴芮率百越佐诸侯，又从入关，故立芮为衡山王，都邾。义帝柱国共敖将兵击南郡，功多，因立敖为临江王，都江陵。徙燕王韩广为辽东王。燕将臧荼从楚救赵，因从入关，故立荼为燕王，都蓟。徙齐王田市为胶东王。齐将田都从共救赵，因从入关，故立都为齐王，都临菑。故秦所灭齐王建孙田安，项羽方渡河救赵，田安下济北数城，引其兵降项羽，故立安为济北王，都博阳。田荣者，数负项梁，又不肯将兵从楚击秦，以故不封。成安君陈馀弃将印去，不从入关，然素闻其贤，有功于赵，闻其在南皮，故因环封三县。番君将梅鋗功多，故封十万户侯。项王自立为西楚霸王，王九郡，都彭城。

这是项羽对函谷关以东地区的分封，他自封为西楚霸王，所封的一部分是与项羽一同起兵救赵攻秦的，随项羽入关的，如河南王申阳，殷王司马卬，常山王张耳，九江王黥布，衡山王吴芮，临江王共敖；一部分原来是六国留下来的旧贵族，秦朝统治崩溃过程中，在原地区称王的，这次分封时被徙封别处的，若原赵王歇迁封为代王，燕王韩广徙封为辽东王，把燕地让给了功臣臧荼为燕王，原来的齐王田市徙胶东王，将齐国一分为三，立有功的田都为齐王，都临淄，立原齐王建的孙子田安为济北王，而原来齐国田荣的势力尚在,反而不封。这样有新封为王的,有徙封的,有一分为三的,有的有地盘而不封为王的,完全打乱了原来的封地,如切煎饼一样重新切割一番,这势必带来许多新的矛盾:迁封的是否愿意迁徙,新封的到达封地能否为当地民众接受,没有封的如田荣是否会承认你项羽把齐国一分为三。

战国末年,实际上是齐、楚、秦三大国的角逐,完成全国统一局面的,最终是秦灭六国。陈涉起义作为突破口,实际上是六国贵族势力联合起来颠覆了秦统一六国的局面。项羽是代表六国的势力恢复了诸侯王国的时代,他分割燕、赵、韩、魏之故地,固然有矛盾,但还不会影响大局,把秦国关中地区一分为三,还有一个刘邦虎视眈眈地看着关中地区,便是一个极不安定的局势。他把齐地一分为三,把田荣排除在外(该地实际上掌握在田荣手中),因此东部地区是不可能安宁的,齐是大国,不会接受如此划分其领域。

所以这次分封,也就是利益的再分配,反而给项羽带来极大的麻烦。这次分封诸侯王,实际上是对秦始皇统一六国的一次反复,此后刘邦与项羽之间的楚汉相争,实际上是秦灭六国的再次重演。战国后期形成的大一统大趋势很难改变,这只是一次反复罢了。总趋势不可能改变,只是由汉还是楚来统一的问题。西楚霸王没有大一统的意识,所以从观念上他是失败的一方,项羽只能是悲剧英雄。刘邦虽然缺少一点英雄本色,但顺应时势,随机应变,却成为那个时代的胜利者。故在这个世界上,为人处事总得看势,是时势造英雄,识时势者,天地皆同力;背时势者,不管你怎样拼命努力,仍然不可能有好的结局。唐人罗隐那首诗《筹笔驿》中的两句话"时来天地皆同力,运去英雄不自由",的确不假。所谓时与运,说到底是一个大势的趋向,你提前识得这个趋势,得来全不费力,不识得这个趋势,尽管用尽全身力气,还是轻则损兵折将,重则全军覆没。项羽入关以前,那是时来运转天地同力;入关以后,那是运去,他处处被动应战,最终是乌江自刎。《史记·项羽本纪》介绍了项羽分封以后的乱局,其云:

  汉之元年四月,诸侯罢戏下,各就国。项王出之国,使人徙义帝,曰:"古之帝者地方千里,必居上游。"乃使使徙义帝长沙郴县。趣义帝行,其群臣稍稍背叛之,乃阴令衡山、临江王击杀之江中。韩王成无军功,项王不使之国,与俱至彭城,废以为侯,已又杀之。臧荼之国,因逐韩广之辽东,广弗听,荼击杀广无终,并王其地。

这里的戏下,是指戏水边,诸侯军之营地,谓各诸侯离戏,赴各受封之地。项羽则回彭城,先把义帝赶走,然后杀之江中。项羽本来就没有把楚怀王放在眼里。其实杀死义帝的举动导致他在政治上处于被动。韩王成因无功,没有就封地,项羽将其带至彭城后杀死。韩广本来在蓟（今之北京），被徙为辽东王，他不去，被项羽封为燕王的臧荼击杀。这些还是小事，关于齐地诸王的分封，纷争就大了。《史记·项羽本纪》云：

> 田荣闻项羽徙齐王市胶东，而立齐将田都为齐王，乃大怒，不肯遣齐王之胶东，因以齐反，迎击田都。田都走楚。齐王市畏项王，乃亡之胶东就国。田荣怒，追击杀之即墨。荣因自立为齐王，而西击杀济北王田安，并王三齐。荣与彭越将军印，令反梁地。陈馀阴使张同、夏说说齐王田荣曰："项羽为天下宰，不平。今尽王故王于丑地，而王其群臣诸将善地，逐其故主，赵王乃北居代，馀以为不可。闻大王起兵，且不听不义，愿大王资馀兵，请以击常山，以复赵王，请以国为捍蔽。"齐王许之，因遣兵之赵。陈馀悉发三县兵，与齐并力击常山，大破之。张耳走归汉。陈馀迎故赵王歇于代，反之赵。赵王因立陈馀为代王。

项羽分封诸侯王，土地、权力再分配以后，实际上又恢复到战国时列强角逐、战争连绵不断的局面。臧荼杀韩广并其国，发生在东北角，而东方齐国起来就不是小事了。项羽原来与齐就有过隙，楚怀王孙心启用宋义时想联合齐国的力量一起抗秦，宋义领兵救赵，想联合齐国，遣其子宋襄使齐，为齐相，这样楚齐联盟。结果项羽杀宋义领其军，杀宋义的理由是"宋义与齐谋反楚，楚王阴令羽诛之"。项羽便这样与齐结下不解之怨，项羽过黄河击秦兵于巨鹿时，齐国是坐山观虎斗。田荣当初曾与司马龙且联军帮助项梁在东阿击秦军，田荣率军返齐，逐齐王假，立田市为齐王，而假则奔楚，故齐楚之间有过隙。楚过河北伐秦军时，田荣要求项梁在楚杀田假，项梁说："田假为与国之王，穷来从我，不忍杀之。"于是齐便不肯发兵助楚了。项羽又因宋义之事，与田荣产生矛盾，故咸阳封诸侯王时不封田荣，把齐一分为三，但田荣实力还在，当然不会听命于项羽。诸侯返国时齐国实际掌权的是田荣，齐王田市等都是傀儡，在齐境内站不住脚，都被田荣并灭，齐楚之战便很难避免了。秦末赵国起兵时，是陈胜派赵国人武臣、张耳、陈馀去夺取赵地，武臣称赵王，陈胜反对，武臣死，立歇为赵王，张耳为相，陈馀为将。咸阳分封时，徙赵王歇为代王，以张耳为赵王，陈馀因没有随项羽入咸阳，所以没有封王，这当然引起陈馀的不满，导致陈馀与齐国田荣联合起来，逐张耳，迎赵王歇返邯郸。赵王以陈馀为代王，这样齐赵联盟，在东北面成为楚国的劲敌。楚国在东北方向面临的是一片乱局，其在西北方向，则有汉的崛起，成为主要对手，形势又变成战国末，齐、楚、秦三国角逐的局面，这样楚霸王项羽不得不疲于东西两面作战。

推翻一个旧秩序并不困难，难在在废墟上有序地建立一个新秩序，而建立新秩序本质上又往往是胜利者内部进行权力和利益的再分配，或者是胜利者与旧秩序部分力量妥协而进行的权力再分配，而这一切往往是漫长而艰难的过程。在中国历史上每一次王朝更迭，似乎很难避免这一难产的历史过程，要有多少人为此付出沉重的代价。辛亥革命在推翻清皇朝这一点上很顺利，但如何建立新秩序便困难多了，这里既有新体制如何确立，更有权力和利益再分配上的矛盾和冲突，最终还是战争决胜负。从历史经验讲，利益再分配的调整，只能在稳定的基础上，理性地逐步有序地进行调整。项羽所以失去良机最终乌江自刎，其失败的根源是分封问题，由于胜利果实再分配没有处理好，结果反而为自己四面树敌。

九、楚汉之争

项羽分封诸侯王，诸侯王自戏下出发各就其国，刘邦便从咸阳去了汉中。关中与汉中之间有秦岭相间隔，《汉书·高帝纪》言其事，云：

> 夏四月，诸侯罢戏下，各就国。羽使卒三万人从汉王，楚子、诸侯人之慕从者数万人，从杜南入蚀中。张良辞归韩，汉王送至褒中，因说汉王烧绝栈道，以备诸侯盗兵，亦视项羽无东意。

> 汉王既至南郑，诸将及士卒皆歌讴思东归，多道亡还者。韩信为治粟都尉，亦亡去，萧何追还之，因荐于汉王，曰："必欲争天下，非信无可与计事者。"于是汉王斋戒设坛场，拜信为大将军，问以计策。信对曰："项羽背约而王君王于南郑，是迁也。吏卒皆山东之人，日夜企而望归，及其锋而用之，可以有大功。天下已定，

民皆自宁，不可复用。不如决策东向。"因陈羽可图、三秦易并之计。汉王大说，遂听信策，部署诸将。留萧何收巴蜀租，给军粮食。

五月，汉王引兵从故道，出袭雍。雍王邯迎击汉陈仓，雍兵败，还走；战好畤，又大败，走废丘。汉王遂定雍地。东如咸阳，引兵围雍王废丘，而遣诸将略地。……塞王欣、翟王翳皆降汉。

项羽自戏下回彭城，不过两个月，刘邦明修栈道，暗度陈仓，关中三王只有章邯的军队还有一点战斗力，击败章邯以后，其余二王便投降刘邦，关中又重新回到刘邦手中。汉可以出函谷关东向与项羽争夺天下，而项羽势必东西两面作战。尽管项羽勇敢善战，但如果两面作战，后方暴露在敌人攻击之下，那也是难以持久的，这个形势决定了其必败无疑。而且项羽两面作战，虽然屡打胜仗，但不是歼灭战，即使一时击溃对方，对方有可靠的根据地，不用很久又能恢复元气继续作战。而且项羽分封以后，由于对自己过去的同盟军分封不公，把他们全都得罪了，导致四面受敌，形势变成各种力量联合起来一起打击项羽，这也是项羽失败的一个重要原因。

从项、刘二人比较看，项羽这个人比较老实，轻信人，刘邦这个人狡猾，不守信用。国与国之间军事政治上的较量，既没有永久的敌人,也没有永久的朋友,是力量对比起决定作用。力量对比也是相对的,弱者在较量的某一点上,可以集中力量压倒对方,以弱胜强。由于兵不厌诈,一部《孙子兵法》,讲的便是诈术,声东击西便是诈,对敌斗争,你死我活,当然以诈才能取胜。但对自己的同志和朋友便不能言诈了,否则势必成为孤家寡人,你不守信用那谁还愿意与你相处呢?这中间有一个对象问题,敌、我、友之间还是有区分的,处理敌我关系时,往往老实人吃亏;处理朋友关系时,必须以诚相待,老实人必有善报。困难的是要分清谁是我们的敌人,谁是我们的朋友,这很难区分清楚。敌友之间的关系,随着时间和事件的变化又往往是相对的,恐怕总要准备吃一点亏,才能慢慢认清人与人之间的相互关系。如秦汉之际,反秦战争之时,敌我关系是清晰的;秦帝国垮台以后,诸侯军队集中在咸阳,准备分封诸侯王时,敌、我、友这三者之间的关系就扑朔迷离了,经过一个阶段,才能阵线分明。

先说一下项羽对东边齐、赵作战的变化,西边有刘邦入关中,他是怎么考虑,怎么应对的。《史记·项羽本纪》云:

>是时,汉还定三秦,项羽闻汉王皆已并关中,且东,齐、赵叛之,大怒。乃以故吴令郑昌为韩王,以距汉。令萧公角等击彭越(时越在梁地以应齐),彭越败萧公角等。汉使张良徇韩,乃遗项王书曰:"汉王失职,欲得关中,

如约即止，不敢东。"又以齐、梁反，书遗项王曰："齐欲与赵并灭楚。"楚以此故无西意，而北击齐。征兵九江王布。布称疾不往，使将将数千人行。项王由此怨布也。汉之二年冬，项羽遂北至城阳，田荣亦将兵会战。田荣不胜，走至平原，平原民杀之。遂北烧夷齐城郭屋室，皆坑田荣降卒，俘虏其老弱妇女，徇齐至北海，多所残灭。齐人相聚而叛之。于是田荣弟田横收齐亡卒得数万人，反城阳。项王因留，连战未能下。

从《史记·项羽本纪》的叙述看，项羽对分封诸侯王，离开戏北回彭城时，立即引起那么多的矛盾和斗争，是毫无思想准备的。首先起来对抗的是在齐国的田荣，之后是赵以及在梁的彭越，然后就是刘邦入关中，东、西、北三面在冒烟，究竟哪个是主要危险，项羽没有清醒的认识。南方的黥布是否可靠，如何巩固与黥布的同盟关系，他也没有仔细考虑。哪儿冒烟就往哪儿扑，结果使刘邦有坐大的机会。其次他打败田荣以后，怎么安置好齐国这个地区，也没有章法，重复反秦起义开始时的屠城杀降的做法，痛快一时。当年屠杀襄城，小地方没有继续反抗的能力；进至关中屠咸阳，那次火烧三月不绝，他失了关中百姓的人心；打败田荣，又是坑其降卒，这还不是逼着齐人造他反嘛，所以才有田横拼命与其对抗。他不懂得胜利以后如何化敌为友，这些失误注定了项羽最终失败的命运。在他还在与田横苦战的时候，刘邦不仅占有了关中地区，而且从关中出发直接攻击项羽的根据地彭城。《史记·项羽本纪》称：

> 春，汉王部五诸侯兵，凡五十六万人，东伐楚。项王闻之，即令诸将击齐，而自以精兵三万人南从鲁出胡陵。四月，汉皆已入彭城，收其货宝美人，日置酒高会。项王乃西从萧，晨击汉军而东，至彭城，日中，大破汉军。汉军皆走，相随入穀、泗水，杀汉卒十余万人。汉卒皆南走山，楚又追击至灵壁东睢水上。汉军却，为楚所挤，多杀，汉卒十余万人皆入睢水，睢水为之不流。围汉王三匝。于是大风从西北而起，折木发屋，扬沙石，窈冥昼晦，逢迎楚军。楚军大乱，坏散，而汉王乃得与数十骑遁去。欲过沛，收家室而西；楚亦使人追之沛，取汉王家；家皆亡，不与汉王相见。汉王道逢得孝惠、鲁元，乃载行。楚骑追汉王，汉王急，推堕孝惠、鲁元车下，滕公常下收载之，如是者三。曰："虽急不可以驱，奈何弃之？"于是遂得脱。求太公、吕后不相遇。审食其从太公、吕后间行，求汉王，反遇楚军。楚军遂与归，报项王，项王常置军中。

从这一段记载看，刘邦乘项羽集中兵力进攻齐国田横时，后方彭城空虚，便乘虚占领了彭城，置酒高会，没有估计到项羽会如此迅速地反过来突袭汉军。看来那时的汉军完全处于措手不及的状态，项羽三万骑兵，打得五十多万汉军如此落花流水，挤落于睢水，竟使睢水为之不流。还是大风救了刘邦一命。刘邦为了逃命，三次把自己儿女推下车去，可见其狼狈不堪。最后连他的父亲、老婆都被楚军虏去，在项羽军中成为人质。结果是诸侯见汉军大败，全都亡去，有的又投奔项羽去了。刘邦退至荥阳，收拾败散诸军，萧何发关中老弱及不满二十岁的少年诣荥阳，这样楚汉之间在荥阳一带形成相持局面。

当项羽返师击汉军时，田横又收复齐的失地，立田荣之子田广为齐王，项羽虽东西两面都打了胜仗，但都只是击溃，而没有从根本上消灭任何一方，仍旧处于东西两面作战的局面，往往顾此失彼。从战役上讲，项羽是胜利者；从战略上讲，他不仅没有消灭敌人，反而使自己的军队处于疲于奔命的状态，缺少同盟友军的支持。这一点刘邦比项羽聪明。《汉书·高帝纪》称汉自彭城败退中，"西过梁地，至虞，谓谒者随何曰：'公能说九江王布，使举兵畔楚，项王必留击之，得留数月，吾取天下必矣。'随何往说布，果使畔楚。"项羽就不懂得如何使黥布站到自己一边来。黥布反楚，使项羽南方也受到威胁，处于四战之地。而刘邦在战役上一败再败，他之所以能一次又一次挽回败局，就在于他有关中这一块根据地，萧何能不断地补给和保障他战时的后勤供应。

楚汉在荥阳地区相争，前后有两年时间，实际上有好几个战场。荥阳在黄河之南，其北面有敖仓，是刘邦的粮仓，其后方有成皋，这个地区处于今郑州和洛阳之间，是项羽与刘邦的主战场。第二战场在北方，靠近荥阳的黄河以北有河内郡、上党郡（属魏，魏王豹原是战国魏王之后，项羽徙魏王豹为西魏王，都平阳，隔河与荥阳地相望）。开封即是大梁，属于彭越，彭越是亲汉反楚的，而魏王豹则是亲楚的，他隔岸是敖仓，威胁着关中运粮的水道。再往北是燕赵，属于中间力量，而再往东边就是齐国田横的地盘，他又是反楚又不亲汉的一股独立力量。南方是九江王黥布的地区，与项羽有矛盾。项羽的彭城则处于各种力量犬牙交错的中心，这许多力量对项羽威胁最大的是汉，他把打击的锋芒始终对着刘邦，两军胶着于荥阳地区。

从局部地区讲，刘邦处于弱势，项羽处于强势，而项羽不善于争取周边的力量，结果刘邦争取到同盟，打扫周边的地区，逐步形成对项羽的包围。故这个中间地区的归属，实际上决定了楚汉之间的胜负。刘邦善于用各种办法使中间地带归属于自己，这里既有笼络性质的统一战线工作，又有对中间地带的征服，从而使项羽处于四面受敌的境地。反之，项羽不善于作中间地带的争取工作，四面树敌，使自己处于孤立的状态，同时又不注意内部团结，为刘邦所分化。所以尽管项羽勇敢善战，屡战屡胜，但最终仍然无法避免失败的结局。

下面可以看一下《史记·项羽本纪》与《汉书·高祖纪》如何记载这一历史过程,看看刘邦在五十六万军队被项羽三万精兵击溃之后,如何在荥阳地区与项羽的相持中屡遭挫折,最终却取得胜利结局。而项羽最终唱了《霸王别姬》落幕,虽然壮烈,但毕竟是失败者。作为个人他不屈不挠、虽败尤荣;作为一个集团,他失败的教训是值得人们反复思考的。先说在荥阳这一战场上楚汉双方是如何争夺的,《史记·项羽本纪》云:

> 项王之救彭城,追汉王至荥阳,田横亦得收齐,立田荣子广为齐王。汉王之败彭城,诸侯皆复与楚而背汉。汉军荥阳,筑甬道属之河,以取敖仓粟。汉之三年,项王数侵夺汉甬道,汉王食乏,恐,请和,割荥阳以西为汉。

甬道,指运粮的通道,如给养运输受阻,军队便无法坚持,故汉王刘邦不得不向项羽求和。《史记·项羽本纪》云:

> 项王欲听之。历阳侯范增曰:"汉易与耳,今释弗取,后必悔之。"项王乃与范增急围荥阳。汉王患之,乃用陈平计间项王。项王使者来,为太牢具,举欲进之。见使者,详惊愕曰:"吾以为亚父使者,乃反项王使者。"

> 更持去，以恶食食项王使者。使者归报项王，项王乃疑范增与汉有私，稍夺之权。范增大怒，曰："天下事大定矣，君王自为之。愿赐骸骨归卒伍。"项王许之。行未至彭城，疽发背而死。

这件事，刘邦用陈平计分化项羽内部，项羽中计，自己的谋士离开他，只留下他一个人猛打猛冲。正确处理好内部关系是对敌斗争中最重要的一枚棋，这件事项羽中计失策。那时荥阳已是孤城，但项羽却没有抓住刘邦，让刘邦给逃跑了。《史记·项羽本纪》云：

> 汉将纪信说汉王曰："事已急矣，请为王诳楚为王，王可以间出。"于是汉王夜出女子荥阳东门被甲二千人，楚兵四面击之。纪信乘黄屋车，傅左纛，曰："城中食尽，汉王降。"楚军皆呼万岁。汉王亦与数十骑从城西门出，走成皋。项王见纪信，问："汉王安在？"信曰："汉王已出矣。"项王烧杀纪信。

这件事又是项羽上当，刘邦让纪信扮了自己去假投降，以蒙骗楚军，自己则偷带数十骑兵逃离荥阳，实际上仍有汉军在坚守荥阳。《史记·项羽本纪》云：

> 汉王使御史大夫周苛、枞公、魏豹守荥阳。周苛、枞公谋曰："反国之王，难与守城。"乃共杀魏豹。楚下荥阳城，生得周苛。项王谓周苛曰："为我将，我以公为上将军，封三万户。"周苛骂曰："若不趣降汉，汉今虏若，若非汉敌也。"项王怒，烹周苛，并杀枞公。

周苛表现英雄，为人应有这样的气概。但项羽杀周苛、枞公太急了，这些人应该养着，慢慢软化他，才能为己所用。项羽如此做，反而使刘邦那边的人铁了心与项羽相抗衡。这反映了项羽不善于分化对方的力量，不懂如何化敌为友。《史记·项羽本纪》云：

> 汉王之出荥阳，南走宛、叶，得九江王布，行收兵，复入保成皋。汉之四年，项王进兵围成皋，汉王逃，独与滕公出成皋北门，渡河走修武，从张耳、韩信军。诸将稍稍得出成皋，从汉王。楚遂拔成皋，欲西。汉使兵距之巩，令其不得西。

前面一段讲到魏豹在荥阳被杀的事，这事要追溯到汉高祖二年（前205年）秋八月，刘邦退到荥阳，就派郦食其去劝说魏王豹转到刘邦这边来，豹不听，于是派韩信为左丞相，带了曹参、灌婴去攻击魏，九月击败魏王豹，把他放在荥阳。所以项羽攻击荥阳时，守城的周苛与枞公要杀了魏豹，与项羽相对抗，荥阳陷落，周苛、枞公被杀。再说韩信定了魏地以后，置河东、太原、上党三郡，韩信向刘邦要了三万人，去经营燕、赵，然后向东攻击齐国，迂回到项羽后方。汉王离开荥阳后先是南下到九江王黥布的地盘，召集余部退保成皋（成皋在荥阳的西边）。汉四年（前203年）项羽攻击成皋，刘邦只能退出成皋，渡过黄河，到对面韩信在魏的驻地，然后收集军队在成皋西面的巩县与项羽的军队相持。《史记·项羽本纪》云：

> 是时，彭越渡河击楚东阿（在今山东省南部，南临黄河），杀楚将军薛公。项王乃自东击彭越。汉王得淮阴侯兵，欲渡河南。郑忠说汉王，乃止壁河内（隔河与荥阳相望）。使刘贾将兵佐彭越，烧楚积聚。项王东击破之，走彭越。（那时项羽忙于东面战争）汉王则引兵渡河，复取成皋，军广武（在黄河南岸），就敖仓食。项王已定东海来，西，与汉俱临广武而军，相守数月。

项羽在东面打败了彭越的军队，但损失了后方的积蓄，又率军队向西在广武与刘邦的军队相持。项羽后方不安全，前方是阵地战，双方相守，寸土必争，对项羽讲这打的是疲劳战。

当此时，彭越数反梁地，绝楚粮食，项王患之。为高俎，置太公其上，告汉王曰："今不急下，吾烹太公。"汉王曰："吾与项羽俱北面受命怀王，曰'约为兄弟'，吾翁即若翁。必欲烹而翁，则幸分我一杯羹。"项王怒，欲杀之。项伯曰："天下事未可知，且为天下者不顾家，虽杀之无益，祇益祸耳。"项王从之。

项羽这个做法只是为了激怒刘邦，使其速与项羽军队决战，刘邦不中其计，坚壁不战，让项羽打疲劳战。对于项羽来说，长时期两面作战非长久之计。《史记·项羽本纪》云：

楚、汉久相持未决，丁壮苦军旅，老弱罢转漕。项王谓汉王曰："天下匈匈数岁者，徒以吾两人耳，愿与汉王挑战决雌雄，毋徒苦天下之民父子为也。"汉王笑谢曰："吾宁斗智，不能斗力。"项王令壮士出挑战。汉有善骑射者楼烦，楚挑战三合，楼烦辄射杀之。项王大怒，乃自被甲持戟挑战。楼烦欲射之，项王嗔目叱之，楼烦目不敢视，手不敢发，遂走还入壁，不敢复出。汉王使人间问之，乃项王也。汉王大惊。于是项王乃即汉王相与临广武间而语。汉王数之，项王怒，欲一战。汉王不听，项王伏弩射中汉王。汉王伤，走入成皋。

这一段两军在广武的相持,项羽焦躁不安,急于求战,而刘邦则沉着应对,在精神上,刘邦占了上风。司马迁这一段描述生动地展示了两人不同的性格。斗争中一定要有坚韧的性格,看谁更有韧性,要斗智而不是斗力。《汉书·高帝纪》对刘邦中伏弩后的情景是如此描述:

伏弩射中汉王。汉王伤胸,乃扪足曰:"虏中吾指!"汉王病创卧,张良强请汉王起行劳军,以安士卒,毋令楚乘胜。汉王出行军,疾甚,因驰入成皋。

从这里可以看到张良的机智。射中胸部是很危险的,伤势很重,统帅伤重会动摇军心,如果敌军乘胜追击,这个后果就很难设想了。这时张良让刘邦抱着伤痛也要检阅军队,稳住阵脚,然后再转成皋休养和治疗。张良一提醒,刘邦也能马上接受,勉力而为,这一点也表现了刘邦比项羽聪明。项羽好勇而刚愎自用,有好的意见听不进去,而且容易被激怒,往往容易失去理智,盲目蛮干。从心理因素上讲,这是项羽不如刘邦的地方。楚汉在广武相持这一段时间,韩信的军队在河北迅速发展,汉三年(前204年)冬十月,韩信、张耳东下井陉击赵,斩陈馀,获赵王歇,罢常山、代郡。次年冬十月,韩信用蒯通计,袭破齐,项羽腹背受敌,被迫分兵,让龙且带了一部分军队去救齐。十一月间韩信与灌婴的军队打败了楚军，杀死楚将龙且，追至城阳，虏齐王田广。这样整个战场形势发生了根本性变化，楚国东面有韩信的军队，北面有彭越的骚扰，南面有黥布的部队相对抗，西面则是强敌刘邦与之对峙。回顾一下项羽彭城之战以三万精兵击败五十六万诸侯军，刘邦惨败，不到两年时间，项羽从战略进攻的态势，转为防御，处处被动应战。事实上项羽一个人很难分身四面应战，这个时期项羽的处境很不利，《史记·项羽本纪》云：

项王闻淮阴侯已举河北，破齐、赵，且欲击楚，乃使龙且往击之。淮阴侯与战，骑将灌婴击之，大破楚军，杀龙且。韩信因自立为齐王。项王闻龙且军破，则恐，使盱台人武涉往说淮阴侯。淮阴侯弗听。是时，彭越复反，下梁地，绝楚粮。项王乃谓海春侯大司马曹咎等曰："谨守成皋，则汉欲挑战，慎勿与战，毋令得东而已。我十五日必诛彭越，定梁地，复从将军。"乃东，行击陈留、外黄。

外黄不下。数日，已降，项王怒，悉令男子年十五已上诣城东，欲坑之。外黄令舍人儿年十三，往说项王曰："彭越强劫外黄，外黄恐，故且降，待大王。大王至，又皆坑之，百姓岂有归心？从此以东，梁地十余城皆恐，莫肯下矣。"项王然其言，乃赦外黄当坑者。东至睢阳，闻之皆争下项王。

到了这个时候项羽才知道杀降不好，不利于自己，不利于化敌为友。项羽一路是杀降过来的，最早攻襄城，屠襄城；章邯降，坑秦军二十万；进了咸阳，杀子婴，屠城，大火烧三月。这一系列的重大杀降政策导致项羽一步步被孤立起来。要以理服人，也就是以智服人，不能只靠以力服人，那只能一时一地取得效果，以智服人，以诚信服人，才能化敌为友，孤立敌人，扩大自己的队伍，取得最终胜利。项羽虽然打败了彭越，取得梁地，但并未打破四面受敌的局面，往后是垓下之战，项羽彻底失败。

《史记·秦楚之际月表》的开场有："太史公读秦楚之际，曰：初作难，发于陈涉；虐戾灭秦，自项氏；拨乱诛暴，平定海内，卒践帝祚，成于汉家。五年之间，号令三嬗。自生民以来，未始有受命若斯之亟也。"整个国家权力结构的更嬗，如走马灯一样，短短五年时间，三易其主。陈胜、吴广其起也勃，其亡也忽，在咸阳项羽有诸侯军四十万，刘邦只有十万人，为什么结果却是弱者打败强者，在短短五年时间，这三拨人命运的转折，确有许多值得人思考的问题。《孙子兵法》有云："知己知彼，百战不殆；不知彼而知己，一胜一负；不知彼，不知己，每战必殆。"陈胜的败，败于不知彼不知己；不知彼是不知道秦军如何反扑自己，有多少力量，反扑的重点在哪里；不知己，是不知道敌我力量的对比，不知道自身队伍的状况，不懂得怎样才能整固自己的力量，不是集中力量应敌，而是四面出击。吴广是在荥阳前线被自己人田臧所杀，陈胜只能认可；陈胜则是被自己驾车的御者庄贾所杀。所以当陈胜真正与秦军主力章邯的军队较量时，便每战必殆了。项羽在推翻秦王朝，分封诸侯王以后，也是不知道胜利以后形势的变化，是什么力量对自己生存发展的威胁最大，先是哪里冒烟便奔向哪里，接着是东西两面作战。不懂得如何集中力量打击直接威胁自己生存的最主要敌人；不知道如何团结自己内部的力量；不懂得争取更多友军对自己的支持，结果是孤立了自己，变成四面楚歌的局面。尽管从局部讲，凭自己的勇敢，每战必胜。但从全局讲尽是被动地困兽犹斗的格局，就这样他的败局早已被注定了。陈涉与项羽他们所以不能知己知彼，正确地判断客观形势，与他们陶醉在胜利面前的骄傲有关。

所谓知己知彼，是正确估计力量相关方的对比和态势，强弱的关系不是恒定的，而是可以转变的，弱的可以转化为强者，强的也可能转化为弱者，相互间的关系是动态的，而这些取决于如何正确处理内外的矛盾和关系。《毛泽东选集》开宗明义的第一篇文章开头所提出的问题，便是——"谁是我们的敌人？谁是我们的朋友？这个问题是革命的首要问题。中国过去一切革命斗争成效甚少，其基本原因就是因为不能团结真正的朋友，攻击真正的敌人。"刘邦所以能取得胜利，那就是在咸阳分封以后，是项羽那个集团威胁自己的生存发展，唯有它是自己真正的敌人，在他与项羽之间存在一个可以争取的广阔的中间地带，这个中间地带是摇摆的，可以倒向这边，也可以倒向那边，刘邦的方针是在中间地带剪项羽的羽翼，争取和扩展自己的友邦，积极发展和巩固自己的力量，以关中为根据地，与项羽逐鹿于中原。虽然打了不少败仗，最终还是打败了项羽。对于项羽身边的人有的争取，如项伯；有的分化，如范增；对于敌对阵营过来的人，欢迎并加以重用，如陈平与韩信。把项羽打败以后，他不仅没有羞辱失败者，仍以鲁侯之礼葬项羽于谷城，并为之发哀，泣之而去。对项氏枝属，有的封侯，若项伯；有的赐姓刘氏；对为项羽死守的鲁地，刘邦并没有报复性屠城。没有这样王者的气度，这天下怎能"成于汉家"？刘邦所以胜利，说到底还只是这几条：一条是毛主席讲的党的建设，也就是巩固和强化自己的力量；第二条是统一战线，扩大朋友的队伍，孤立敌人；第三条是武装斗争，用战争最终解决问题。还有一条，那就是对放下武器的敌人，宽容相待，不杀降，那才能防止敌对力量的死灰复燃，这也是刘邦能巩固胜利成果而与项羽有根本区别的地方。

十、垓下之战，霸王别姬

当项羽离开成皋进击彭越，平定梁地的时候，留海春侯大司马曹咎守成皋，项羽叮嘱曹咎勿应汉之挑战，守住成皋，使刘邦的军队不能东击项羽。然而事与愿违，《史记·项羽本纪》称：

> 汉果数挑楚军战，楚军不出。使人辱之，五六日，大司马怒，渡兵汜水。士卒半渡，汉击之，大破楚军，尽得楚国货赂。大司马咎、长史翳、塞王欣皆自刭汜水上。大司马咎者，故蕲狱掾，长史欣亦故栎阳狱吏，两人尝有德于项梁，是以项王信任之。当是时，项王在睢阳，闻海春侯军败，则引兵还。汉军方围钟离眛于荥阳东，项王至，汉军畏楚，尽走险阻。

可见项羽两面作战，东西不能兼顾，在这段时间还有韩信破齐，破楚龙且军的事，这对楚国东边更是一个极大的威胁。《汉书·高帝纪》讲道：

> 韩信已破齐，使人言曰："齐边楚，权轻，不为假王，恐不能安齐。"汉王怒，欲攻之。张良曰："不如因而立之，使自为守。"春二月，遣张良操印，立韩信为齐王。秋七月，立黥布为淮南王。

刘邦这个措施是稳住韩信与黥布作为自己的同盟军，这件事《汉书·韩信传》中说得更加生动具体，从中可知刘邦这个人见机之迅捷，政治家的话，说变就变，一切决定于利害关系的权术。其云：

> （韩信）使人言汉王曰："齐夸诈多变，反覆之国，南边（荒）楚，不为假王以填之，其势不定。今权轻，不足以安之，臣请自立为假王。"当是时，楚方急围汉王于荥阳，使者至，发书，汉王大怒，骂曰："吾困于此，旦暮望而来佐我，乃欲自立为王！"张良、陈平伏后蹑汉王足，因附耳语曰："汉方不利，宁能禁信之自王乎？不如因立，善遇之，使自为守。不然，变生。"汉王亦寤，因复骂曰："大丈夫定诸侯，即为真王耳，何以假为！"遣张良立信为齐王，征其兵使击楚。

前面讲到项羽曾派盱眙人武涉往说韩信，《汉书·韩信传》亦载其事，其云：

> 楚以亡龙且，项王恐，使盱台人武涉往说信曰："足下何不反汉与楚？楚王与足下有旧故。且汉王不可必，身居项王掌握中数矣，然得脱，背约，复击项王，其不可亲信如此。今足下虽自以为与汉王为金石交，然终为汉王所禽矣。足下所以得须臾至今者，以项王在。项王即亡，次取足下（此话亦真，后来韩信被擒时，有'狡兔死，良狗亨'之言）。何不与楚连和，三分天下而王齐？今释此时，自必于汉王以击楚，且为智者固若此邪！"信谢曰："臣得事项王数年，官不过郎中，位不过执戟，言不听，画策不用，故背楚归汉。汉王授我上将军印，数万之众，解衣衣我，推食食我，言听计用，吾得至于此。夫人深亲信我，背之不祥。幸为信谢项王。"武涉已去，蒯通知天下权在于信，深说以三分天下，鼎足而王。

从这一段话可知，项羽有人不会用，韩信、陈平都曾在项羽手下，结果却为刘邦所用。武涉与蒯通讲"三分天下，鼎足而王"，其实也是战国末年的基本形势，齐、楚、秦三国都具备统一中国的可能，最终秦统一了六国。秦亡以后的局面也是如此，项羽分封诸侯王，再起逐鹿战争，仍然是原来秦、齐、楚这三个地区的力量最强，最终还是关中地区取得胜利。在楚汉相持不下的局面下，韩信掌握的齐国这个地区倒向哪一边，就决定了谁兴谁亡，如果按兵不动，那么真是三分天下，鼎足而王。而韩信这个人还是太老实，不够狡猾，所以吃了亏，项羽吃亏也是在这一点上。在生死攸关的问题上，总得从好、坏两方面想想，要有最坏的打算，才能争取最好的结果。否则的话，吃了哑巴亏，还无话可说。汉王这个时候封韩信为齐王，封黥布为淮南王，为了从东、南两边与自己一起夹击项羽。反过来再看项羽这时的情况，《史记·项羽本纪》云：

>　　是时，汉兵盛食多，项王兵罢食绝。汉遣陆贾说项王，请太公，项王弗听。汉王复使侯公往说项王，项王乃与汉约，中分天下，割鸿沟以西者为汉，鸿沟而东者为楚。项王许之，即归汉王父母妻子。军皆呼万岁。汉王乃封侯公为平国君。匿弗肯复见。曰："此天下辩士，所居倾国，故号为平国君。"项王已约，乃引兵解而东归。

项羽迫于兵疲食绝，不得不与刘邦寻找一个妥协的方案，签约以后，便"引兵解而东归"。战场上的任何约定文字都不足以凭信，战场上的平衡只是力量对比的关系。除非一方彻底失败，签署和平协定，协定的有效性不是决定于协定上的文字，而是双方力量及布局上的平衡。

汉三年，刘邦困于荥阳时，请求和约，割荥阳以西为汉，那次"项王欲听之"，而范增则认为"汉易与耳，今释弗取，后必悔之"。现在的情况相反，汉有利，楚多次失利，处于困境，需要休养生息，刘邦怎么会放弃消灭项羽的机会呢？但士兵是欢迎结束战争的，故"军皆呼万岁"。这个军包括双方的士卒，但王者是不会放弃彻底消灭对方的机会的。《史记·项羽本纪》云：

> 汉欲西归，张良、陈平说曰："汉有天下太半，而诸侯皆附之。楚兵罢食尽，此天亡楚之时也，不如因其机而遂取之。今释弗击，此所谓'养虎自遗患'也。"汉王听之。汉五年（前202年），汉王乃追项王至阳夏南，止军，与淮阴侯韩信、建成侯彭越期会而击楚军。至固陵，而信、越之兵不会。楚击汉军，大破之。汉王复入壁，深堑而自守。谓张子房曰："诸侯不从约，为之奈何？"对曰："楚兵且破，信、越未有分地，其不至固宜。君王能与共分天下，今可立致也。即不能，事未可知也。君王能自陈以东傅海，尽与韩信；睢阳以北至穀城，以与彭越；使各自为战，则楚易败也。"汉王曰："善。"于是乃发使者告韩信、彭越曰："并力击楚。楚破，自

陈以东傅海与齐王，睢阳以北至穀城与彭相国。"使者至，韩信、彭越皆报曰："请今进兵。"韩信乃从齐往，刘贾军从寿春并行，屠城父，至垓下。大司马周殷叛楚，以舒屠六，举九江兵，随刘贾、彭越皆会垓下，诣项王。

韩信、彭越、黥布都有自身的利益考虑，凭刘邦自身的力量是无法打败项羽的，如果建立灭楚的统一战线，就能打败项羽。那么事先对胜利后利益分配的约定，如果是空洞的许诺，那调动不了别人的力量，必须是实实在在的承诺，也就是后来王陵在讨论刘项成败的原因时所言："陛下使人攻城略地，所降下者因以与之，与天下同利也。"而项羽则不同，"战胜而不予人功，得地而不予人利，此其所以失天下也。"（《史记·高祖本纪》）这个话也有一定道理，刘邦是靠这个调动了韩信、彭越、黥布这些人的兵力来围攻项羽的。

其实这就是分蛋糕与做蛋糕的关系，如果没有事先分蛋糕的约定，那就很难调动做蛋糕的积极性，如果明知将来分蛋糕是没有自己的份儿，谁还肯努力呢？如果有了约定，一次失信，谁还信呢？项羽对刘邦王关中失信了，于是他俩争蛋糕了。

后来刘邦既然能违背与项羽以鸿沟为界的约定，那么刘邦与韩信、彭越、黥布之间的约定是否有效呢？这一点韩信他们没有深思，他们太相信刘邦了。要知道刘邦与他们的约定是迫于消灭项羽的需要，项羽被消灭后，他们与刘邦的关系又会怎么样呢？这一点他们没有考虑好，轻信刘邦了。

被诸侯军围困在垓下（在今安徽省灵璧县东南沱河北岸）的项羽是怎么应对这场危机，如何保持他的英雄本色的呢？《史记·项羽本纪》云：

> 项王军壁垓下，兵少食尽，汉军及诸侯兵围之数重。夜闻汉军四面皆楚歌，项王乃大惊曰："汉皆已得楚乎？是何楚人之多也！"项王则夜起，饮帐中。有美人名虞，常幸从；骏马名骓，常骑之。于是项王乃悲歌忼慨，自为诗曰："力拔山兮气盖世，时不利兮骓不逝。骓不逝兮可奈何，虞兮虞兮奈若何！"歌数阕，美人和之。项王泣数行下，左右皆泣，莫能仰视。
>
> 于是项王乃上马骑，麾下壮士骑从者八百余人，直夜溃围南出，驰走。平明，汉军乃觉之，令骑将灌婴以五千骑追之。项王渡淮，骑能属者百余人耳。项王至阴陵，迷失道，问一田父，田父绐曰"左"。左，乃陷大泽中。以故汉追及之。项王乃复引兵而东，至东城，乃有二十八骑。汉骑追者数千人。项王自度不得脱。谓其骑曰："吾起兵至今八岁矣，身七十余战，所当者破，所击者服，未尝败北，遂霸有天下。然今卒困于此，此

> 天之亡我，非战之罪也。今日固决死，愿为诸君快战，必三胜之，为诸君溃围，斩将，刈旗，令诸君知天亡我，非战之罪也。"乃分其骑以为四队，四向。汉军围之数重。项王谓其骑曰："吾为公取彼一将。"令四面骑驰下，期山东为三处。于是项王大呼驰下，汉军皆披靡，遂斩汉一将。是时，赤泉侯为骑将，追项王，项王瞋目而叱之，赤泉侯人马俱惊，辟易数里。与其骑会为三处。汉军不知项王所在，乃分军为三，复围之。项王乃驰，复斩汉一都尉，杀数十百人，复聚其骑，亡其两骑耳。乃谓其骑曰："何如？"骑皆伏曰："如大王言。"

这一大段描述，表现了项羽在垓下被围以后那种悲壮慷慨的精神状态，京剧《霸王别姬》那出戏便取材于此。当年梅兰芳演虞姬，金少山演霸王，曾是舞台上一绝唱。从不屈不挠英雄气概这一点上讲，项羽可以说首屈一指。身处绝境，仍敢于斗争，因为迷路了，才无法摆脱汉军的围困。灌婴以五千骑围项羽，项羽还能够溃围斩将夺旗。

从战术上讲，项羽确实勇冠三军，但仍然无法摆脱围困。他说自己带兵打仗八年，身七十余战，所当者破，所击者服，问题在于具体战役上虽然是胜利者，在总体的战略上却是失败者。项羽认识不到自己的弱点，所以才会说："此天之亡我，非战之罪也。"

不会总结过去的历史教训，导致他屡次战胜对手但最终却走向失败。《史记·项羽本纪》接着讲他乌江自刎，即使死，也要死得壮烈。司马迁写《项羽本纪》是动了感情的，在《史记》诸篇中，写得最好的是《项羽本纪》，写得最动人的是乌江自刎那一段文字。其云：

> 于是项王乃欲东渡乌江。乌江亭长（乌江亭在今安徽和县东北苏皖交界处的乌江镇，秦时为乌江亭）檥船待，谓项王曰："江东虽小，地方千里，众数十万人，亦足王也。愿大王急渡。今独臣有船，汉军至，无以渡。"项王笑曰："天之亡我，我何渡为！且籍与江东子弟八千人渡江而西，今无一人还，纵江东父兄怜而王我，我何面目见之？纵彼不言，籍独不愧于心乎？"乃谓亭长曰："吾知公长者。吾骑此马五岁，所当无敌，尝一日行千里，不忍杀之，以赐公。"乃令骑皆下马步行，持短兵接战。独籍所杀汉军数百人。项王身亦被十余创。顾见汉骑司马吕马童，曰："若非吾故人乎？"马童面之，指王翳曰："此项王也。"项王乃曰："吾闻汉购我头千金，邑万户，吾为若德。"乃自刎而死。王翳取其头，余骑相蹂践争项王，相杀者数十人。最其后，郎中骑杨喜，骑司马吕马童，郎中吕胜、杨武各得其一体。五人共会其体，皆是。

> 故分其地为五：封吕马童为中水侯，封王翳为杜衍侯，封杨喜为赤泉侯，封杨武为吴防侯，封吕胜为涅阳侯。
>
> 项王已死，楚地皆降汉，独鲁不下。汉乃引天下兵欲屠之，为其守礼义，为主死节，乃持项王头视鲁，鲁父兄乃降。始，楚怀王初封项籍为鲁公，及其死，鲁最后下，故以鲁公礼葬项王穀城。汉王为发哀，泣之而去。

这里成败是一回事，为人又是一回事，不能以成败论英雄。从历史的角度讲，成败的教训要总结，但为人如项羽那样宁可站着战斗而死，决不屈膝求生，这一点是为人的榜样。从项羽一生来讲，亦是有成有败，前三年与秦斗是成功的，没有他那样勇敢善战不畏艰难的精神，巨鹿之战很难取得胜利；后五年则是由盛转衰，继续拼勇敢，不在谋略上想办法，听不进不同意见，刚愎自用，不会任用身边的人才，所以失败。《史记·项羽本纪》最后，司马迁有一段太史公曰，评论项羽一生得失。其云：

> 夫秦失其政，陈涉首难，豪杰蜂起，相与并争，不可胜数。然羽非有尺寸乘埶，起陇亩之中，三年，遂将五诸侯灭秦，分裂天下，而封王侯，政由羽出，号为"霸王"，位虽不终，近古以来未尝有也(以上是讲他的成绩)。及羽背关怀楚（指违背先入关者王之的信约，怀念楚地而放

弃关中的地盘），放逐义帝而自立，怨王侯叛己，难矣（难在胜利后权力和利益再分配，很难摆平方方面面的关系，反而使自己成为矛盾的焦点）。自矜功伐，奋其私智而不师古（指其骄傲自满，听不进不同意见），谓霸王之业，欲以力征经营天下，五年卒亡其国，身死东城，尚不觉寤而不自责，过矣（指其只知以力取胜，不懂得如何以智取胜，要斗智不斗勇，这一点刘邦比他聪明）。乃引"天亡我，非用兵之罪也"，岂不谬哉！（令人可惜的是他至死不悟，才有"天亡我"之说。然而有的时候也确实有为那时大环境大趋势所决定，亦有当时当地力量对比的悬殊状况，不是个人力量所能挽回的局面，不能把一切败局归咎于个人，还得具体情况具体分析。）

司马迁的《史记·项羽本纪》毛泽东是反复读的，1962年1月30日，毛泽东在七千人大会上作过一次讲话，题目为《民主集中制问题》，其中讲到项羽霸王别姬的故事，话题是这样开始的，他说：

> 听说现在有一些省委、地委、县委，有这样的情况：一切事情，第一书记一个人说了就算数。这是很错误的。哪有一个人说了就算数的道理呢？我这是指的大事，不

是指有了决议之后的日常工作。只要是大事,就得集体讨论,认真地听取不同的意见,认真地对于复杂的情况和不同的意见加以分析。要想到事情的几种可能性,估计情况的几个方面,好的和坏的,顺利的和困难的,可能办到的和不可能办到的。尽可能地慎重一些,周到一些。如果不是这样,就是一人称霸。这样的第一书记,应当叫做霸王,不是民主集中制的"班长"。从前有个项羽,叫做西楚霸王,他就不爱听别人的不同意见。他那里有个范增,给他出过些主意,可是项羽不听范增的话。另外一个人叫刘邦,就是汉高祖,他比较能够采纳各种不同的意见。有个知识分子名叫郦食其,去见刘邦。初一报,说是读书人,孔夫子这一派的。回答说,现在军事时期,不见儒生。这个郦食其就发了火,他向管门房的人说,你给我滚进去报告,老子是高阳酒徒,不是儒生。管门房的人进去照样报告了一遍。好,请。请了进去,刘邦正在洗脚,连忙起来欢迎。郦食其因为刘邦不见儒生的事,心中还有火,批评了刘邦一顿。他说,你究竟要不要取天下,你为什么轻视长者:这时候,郦食其已经六十多岁了,刘邦比他年轻,所以他自称长者。刘邦一听,向他道歉,立即采纳了郦食其夺取陈留县的意见。此事见《史记·郦生陆贾列传》。刘邦是在封建时代被历史家称为"豁达大度，从谏如流"的英雄人物。刘邦同项羽打了好几年仗，结果刘邦胜了，项羽败了，不是偶然的。我们现在有些第一书记，连封建时代的刘邦都不如，倒有点像项羽。这些同志如果不改，最后要垮台的。不是有一出戏叫《霸王别姬》吗？这些同志如果总是不改，难免有一天要"别姬"就是了。

这个故事我们前面就都讲到了，这些内容在《史记·高祖本纪》和《史记·项羽本纪》中。其实要真听得进不同意见也不容易，特别是第一书记，更难。毛泽东自己也难，庐山会议上他听不进不同意见，谁能顶得住他的意见？这里他是在作自我批评，实际上也是讲大家。项羽的失败，有许多情节会引起毛泽东的共鸣，"生当作人杰，死亦为鬼雄。至今思项羽，不肯过江东"，那种英雄主义情结会与毛泽东终身坚持革命的情结相呼应，项羽的"非战之罪，天亡我也"那种不屈不挠的精神，也会引起共鸣，情感上的呼应也许是复杂而多元的。反正项羽一生永远是值得人们不断从中吸取教训的。八年中间，从草根到巅峰，又从巅峰跌落到谷底。一个人要真有自知之明，真能听取不同意见，甚至是直接反对自己但比较正确的意见很难，所以以"乌江自刎"的教训，回顾项羽一生，在许多点上，永远是常讲常新的。

十一、田横及贯高之死与五百壮士

田横之死，是中国历史上最为壮烈的一幕。刘邦拿下项羽以后，与他对立的集团就只留下原齐国的田横了，田氏皆为战国齐王之后，陈涉起兵时，田氏亦在齐地崛起，在今山东原齐鲁地区，始终是一支相对独立的力量，亦参与抗秦的战争。项羽入咸阳后，曾分封齐王田市为胶东王，齐将田都为齐王，田安为济北王，而齐国最强的是田荣，由于没有将兵离开故地而未封王，结果还是田荣统一了齐国故土。楚汉相争时，齐国田荣仍在齐国称王，田荣是故齐王田氏之族。当时刘邦一面令郦食其往说齐王助汉击楚，一面令韩信率赵国的士卒进击齐，而齐已听郦食其的约定，与汉结盟，留郦食其在齐纵酒，罢去守御士卒。韩信因而进军齐国，攻下历阳，齐王遂烹郦食其。韩信攻占齐地，田荣之弟田横归彭越。项羽兵败之后，田横惧诛，与宾客五百余人亡入海居坞中。《汉书·田儋传》云：

高帝闻之，以横兄弟本定齐，齐人贤者多附焉，今在海中不收，后恐有乱，乃使使赦横罪而召之。横谢曰："臣烹陛下之使郦食其，今闻其弟商为汉将而贤，臣恐惧，不敢奉诏，请为庶人，守海岛中。"使还报，高帝乃诏卫尉郦商曰："齐王横即至，人马从者敢动摇者致族夷！"乃复使使持节具告以诏意，曰："横来，大者王，小者乃侯耳；不来，且发兵加诛。"横乃与其客二人乘传诣雒阳。

至尸乡厩置，横谢使者曰："人臣见天子，当洗沐。"止留。谓其客曰："横始与汉王俱南面称孤，今汉王为天子，而横乃为亡虏，北面事之，其愧固已甚矣。又吾亨人之兄，与其弟并肩而事主，纵彼畏天子之诏，不敢动摇，我独不愧于心乎？且陛下所以欲见我，不过欲壹见我面貌耳。陛下在雒阳，今斩吾头，驰三十里间，形容尚未能败，犹可知也。"遂自刭，令客奉其头，从使者驰奏之高帝。高帝曰："嗟乎，有以！起布衣，兄弟三人更王，岂非贤哉！"为之流涕，而拜其二客为都尉，发卒二千，以王者礼葬横。

既葬，二客穿其冢旁，皆自刭从之。高帝闻而大惊，以横之客皆贤者，吾闻其余尚五百人在海中，使使召至，闻横死，亦皆自杀。于是乃知田横兄弟能得士也。

陈馀与张耳早年曾随陈涉起兵，后张耳随项羽入关进咸阳，项羽分赵地立张耳为常山王。楚汉相争，张耳倒向刘邦一边。汉四年（前203年），刘邦立张耳为赵王，次年张耳去世，子张敖即王位，尚高祖长女鲁元公主为王后。汉七年（前200年），刘邦过赵，张敖尽子婿之礼，刘邦箕踞骂詈，赵相贯高等不平，对敖说："今王事皇帝甚恭，皇帝遇王无礼，请为王杀之。"

敖啮其指出血，曰："君何言之误！且先王亡国，赖皇帝得复国，德流子孙，秋豪皆帝力也。愿君无复出口。"贯高等十余人相谓曰："吾等非也。吾王长者，不背德。且吾等义不辱，今帝辱我王，故欲杀之，何乃污王为？事成归王，事败独身坐耳。"

…………

九年贯高冤家知其谋，告之。于是上逮捕赵王诸反者。赵午等十余人皆争自到，贯高独怒骂曰："谁令公等为之？今王实无谋，而并捕王；公等死，谁当白王不反者？"乃槛车与王诣长安。高对狱曰："独吾属为之，王不知也。"……廷尉以贯高辞闻，上曰："壮士！谁知者，以私问之。"中大夫泄公曰："臣素知之，此固赵国立名义不侵为然诺者也。"上使泄公持节问之箯舆前。卬视泄公，劳苦如平生欢。与语，问张王果有谋不。高曰："人情岂不各爱其父母妻子哉？今吾三族皆以论死，岂以王易吾亲哉！顾为王实不反，独吾等为之。"具道本根所以,王不知状。于是泄公具以报上,上乃赦赵王。

上贤高能自立然诺,使泄公赦之,告曰:"张王已出,上多足下,故赦足下。"高曰:"所以不死,白张王不反耳。今王已出,吾责塞矣。且人臣有篡弑之名,岂有面目复事上哉!"乃仰绝亢而死。"(《汉书·张耳陈馀传》)

田横与五百壮士死得壮烈,贯高赵午也死得其所,他们的视死如归,反映了中华民族不屈膝求生的精神。一个民族要自主独立于世界,要有一点这样的精神,才能不畏强暴,如果没有这样的精神支撑,那只能或是为人之奴隶,或是为人之奴才而已。与屈膝求生者相比,项羽与田横及贯高之死重于泰山,虽死犹荣。我国自古就有就义成仁之说,故人要不畏死,才能活得像个人样。记得毛泽东同志在《到韶山》的七律中,曾有"为有牺牲多壮志,敢教日月换新天"之句,为什么敢于牺牲自己?为有壮志,壮志是什么?是真理与真情。真理是马克思主义为劳苦大众翻身做主人的真理。什么是真情?是为工农的真情,这样才生的伟大死的光荣。1948年,我还只是十七岁,见过王孝和烈士壮烈牺牲昂首笑对死亡的新闻照片。1949年5月25日,上海在迎接解放的黎明时,在苏州河畔,我的入党介绍人陈仲信饮弹而亡,流尽了最后一滴血,他们都激励我,要不怕死,更要懂得活着又是为了什么,中华民族就有这样的传统。谁不爱自己的生命,但不能如墙头草一般为了贪生怕死而随风倒，为人要宁可站着死，决不跪着活，宁为玉碎，不为瓦全，这就是"为有牺牲多壮志"，否则的话，即便活着也只能是行尸走肉而已。现在这个时候大家生活条件好了，很少有人再讲何以为生这个人生观的根本问题，其实这个世界并不太平，霸权主义依然在横行霸道，战争的硝烟依然不时地冒头，东北亚和南海那么多军事演习，矛头都对谁啊？项庄舞剑，意在沛公。美国等军工生产和武器销售的泛滥，都不是什么好的兆头。不能因为战争的硝烟还没有烧到我们家园，便高枕无忧了。作为一个民族，作为一个国家，必须懂得生死存亡的问题依然还存在，各种不测的风险还会出现，为了我们的未来，要有忧患意识，并不断努力树立正确的生死观。否则的话，一旦有事，还有谁能抱着一腔热血以必死之决心赴汤蹈火地来保家卫国啊！

回过头来再说，胜利者如何对待失败者。前面我讲了项羽死了以后，刘邦并没有把他海葬或者埋到沙漠中去，而是以鲁公礼葬于谷城，而且"为发丧，泣之而去"。对于项氏枝属，"汉王皆不诛，乃封项伯为射阳侯。桃侯、平皋侯、玄武侯皆项氏，赐姓刘"。相比于今天美国和北约对本·拉登与卡扎菲死后的处理要宽容大度得多。再说刘邦对田横、贯高的处置，无论在他们生前还是死后，也还是比较宽容的。胜利者对失败者的态度，可以检验一个政治家的肚量，事实证明越是宽容，则事态反复的可能性越小，尤其对于死者的态度更是如此。

十二、刘邦称帝

刘邦最终打败项羽，是大家合力的结果，如果没有韩信、彭越、黥布一起出兵，刘邦是不可能在垓下之战最终打败项羽的。所以刘邦胜利以后，仍然是诸侯王各据一方，韩信由齐王迁为楚王，王淮北，都下邳，占据了原来项羽的势力范围。彭越有战国时魏之故地，号梁王。淮南地区属黥布，为淮南王。赵地有张敖称赵王，燕地有臧荼为燕王，齐地当时还有田横在，实际上仍是战国末年列强割据的局面。刘邦是在汉五年十二月，在垓下打败和消灭项羽集团的。他随后做的第一件事，便是"还至定陶"，"驰入齐王信壁，夺其军"（《汉书·高帝纪》）。韩信的兵，最早是刘邦给他带的，在韩信军中的曹参、灌婴原来都是刘邦手下的人。《汉书·韩信传》也讲到，韩信"使人请汉王：'愿益兵三万人，臣请以北举燕、赵，东击齐，南绝楚之粮道，西与大王会于荥阳。'汉王与兵三万人，遣张耳与俱，进击赵、代。破代，禽夏说阏与"。故韩信军队的骨干力量原来是刘邦的属下，后来项羽派盱眙人往说韩信时，韩信的讲话中也说到"汉王授我上将军印，数万之众"，可见韩信军队来自于刘邦。现在把项羽彻底打败了，刘邦去韩信那儿要回自己的军队，也就很自然了。而刘邦这一着棋很重要，韩信军队的主力被要走，就很难再与刘邦相抗衡。下一个月，即春正月（那时是以十月为年首），刘邦又下了两条命令，其下令曰：

> 楚地已定，义帝亡后，欲存恤楚众，以定其主。齐王信习楚风俗，更立为楚王，王淮北，都下邳。魏相国建城侯彭越勤劳魏民，卑下士卒，常以少击众，数破楚军，其以魏故地王之，号曰梁王，都定陶。（《汉书·高帝纪》）

又下令曰：

> 兵不得休八年，万民与苦甚，今天下事毕，其赦天下殊死以下。（《汉书·高帝纪》）

这两条命令，一是兑现过去的承诺，立韩信为楚王，立彭越为梁王；另一条命令是从陈涉起兵开始，战争已经打了八年，不能再打了，天下事到此定局了，死刑以外的囚犯全部赦免，保护劳动力。这样既安定了百姓，也安了诸侯王的心。故刘邦称帝是大家公推的结果，《史记·高祖本纪》云：

(五年)正月,诸侯及将相相与共请尊汉王为皇帝。汉王曰:"吾闻帝贤者有也,空言虚语,非所守也,吾不敢当帝位。"群臣皆曰:"大王起微细,诛暴逆,平定四海,有功者辄裂地而封为王侯。大王不尊号,皆疑不信。臣等以死守之。"汉王三让,不得已,曰:"诸君必以为便,便国家。"甲午,乃即皇帝位氾水之阳。

《汉书·高帝纪》的记载,与此大同小异,汉王本来的地位与大家基本相同,现在推他为帝的理由是:

先时秦为亡道,天下诛之。大王先得秦王,定关中,于天下功最多。存亡定危,救败继绝,以安万民,功盛德厚。又加惠于诸侯王有功者,使得立社稷。地分已定,而位号比拟,亡上下之分,大王功德之著,于后世不宣。昧死再拜上皇帝尊号。

所以推刘邦为帝的理由是他的功劳最大,其次是诸侯王之间的地分已定,刘邦的位号与诸侯王之间要有上下之分,所以要刘邦上皇帝之尊号。到这一年的五月,刘邦下令"兵皆罢归家"又下诏曰:

诸侯子在关中者,复之十二岁,其归者半之。民前

> 或相聚保山泽，不书名数，今天下已定，令各归其县，复故爵田宅，吏以文法教训辨告，勿笞辱。民以饥饿自卖为人奴婢者，皆免为庶人。军吏卒会赦，其亡罪而亡爵及不满大夫者，皆赐爵为大夫。故大夫以上赐爵各一级，其七大夫以上，皆令食邑，非七大夫以下，皆复其身及户，勿事。（《汉书·高帝纪》）

这里包括士兵复员的安置，逃亡的还归故里，被卖为奴婢的免为庶人，军吏及其士卒赐为大夫，有的有食邑，有的免除徭役负担，这样表示不再打仗了。

在这一年，刘邦把都城定在洛阳，他曾置酒洛阳南宫，与诸侯及功臣们讨论刘邦与项羽二人之间成败得失的原因，"高起、王陵对曰：'陛下嫚而侮人，项羽仁而敬人。然陛下使人攻城略地，所降下者，因以与之，与天下同利也。项羽妒贤嫉能，有功者害之，贤者疑之，战胜而不与人功，得地而不与人利，此其所以失天下也。'"（《汉书·高帝纪》）由此可见在功臣宿将心目中，谁打下来的地方应该归谁。打天下，坐天下的观念由来已久，记得毛主席讲过，我们的权力是谁给的，是人民给的，要转变那些功臣宿将及其子孙们打天下者坐天下的观念真难呀！那时刘邦坐在皇帝这个位置上，心里不可能踏实，这需要智慧来稳定自己的地位。这个问题留在下面再说。

十三、刘邦在洛阳南宫与功臣宿将探讨刘、项成败的原因

刘邦在洛阳的南宫举办酒宴，是一次总结经验教训的会议。刘邦之所以成功的经验是什么？项羽之所以失败的教训在哪里？无论成功的经验还是失败的教训，都是值得人们去思考总结的东西。1962年，毛泽东在七千人大会上讲的还是这个问题。刘邦不同意高起、王陵的答案，他有自己的想法，对此，《汉书·高帝纪》和《史记·高祖本纪》的记载是一致的，相差的只是几个虚词。今录《汉书·高帝纪》如下：

上曰："公知其一，未知其二。夫运筹帷幄之中，决胜千里之外，吾不如子房；填国家，抚百姓，给饷馈，不绝粮道，吾不如萧何；连百万之众，战必胜，攻必取，吾不如韩信。三者皆人杰，吾能用之，此吾所以取天下者也。项羽有一范增而不能用，此所以为我禽也。"群臣说服。

刘邦与王陵的对话，都有事实根据，讲的都有道理。王陵这个人是汉高祖刘邦的同乡，也是沛县人，刘邦年轻时以兄事陵，王陵在沛县的地位比刘邦高。刘邦入咸阳时，王陵在南阳，并没有随刘邦入关。刘邦与项羽相争时，王陵站在刘邦一边，项羽以王陵的母亲为人质，逼王陵投奔项羽。王陵派人到项羽军中探望其母，其母在使者面前伏剑而死，遗言使者，要王陵一心事汉王。从这一点上，可以看到项羽不善于争取人。此后王陵一直追随刘邦，所以王陵在这个问题上敢于讲得那么直白，说刘邦"嫚而侮人"，换一句话说那就是有一点流氓腔，不知道如何以礼待人。这在刘邦接待郦食其的过程中可以看得很清楚，他是洗着脚接待自称高阳酒徒的郦食其。他的优点是能从善如流。从礼貌上讲项羽比刘邦要高明一些，在与天下同利这一点上，刘邦比项羽高明。这是指最终追击项羽时，他对韩信与彭越的许诺。

王陵讲的是大实话，刘邦最终打败项羽，靠的就是这"陛下使人攻城略地，所降下者，因以与之，与天下同利也"。但是要懂得这是刘邦不得已而为之的权宜之计，当初韩信派人给刘邦讲要封他为假齐王，刘邦就发怒了，这是刘邦的本来面目；是张良和陈平在一旁提醒他，他悟性高，才马上换了一个腔调，派张良去封韩信为齐王，稳住了韩信。而这次答应韩信为楚王，彭越为梁王，也不是心甘情愿的事，特别是楚王所王之地既是项羽故地，也是刘邦的家乡，五年的楚汉之争刚过去，刘邦怎么能放心？王陵这话正说在他的心坎之上，一时半刻还没有找到解决这个问题的方案。项羽进入咸阳以后，立即论功行赏，但给项羽埋下了五年战乱的祸根。如何论功行赏也是摆在刘邦面前的难题，怎么办？再说军队的复员，重新安置到土地上去，恢复社会正常的生产秩序，不是一二条诏令所能完全解决的。既然当了皇帝，过去大家一起靠打打杀杀起家，现在成了君臣关系，如何建立朝廷的礼仪制度，这些都是摆在刘邦面前必须面对的问题。

再说，刘邦自己说的他之所以取胜原因是自己会用人，论谋略，张良的确胜人一筹，关键时刻，关键性的点子，都是张良出的。如刘邦入咸阳，要不要进秦宫室居留，固然樊哙谏在前，但最终是张良说服刘邦的。在咸阳，项羽准备进攻刘邦，是张良设法为刘邦化解危机的。诸侯王自戏下至国时，是张良建议明烧栈道，以堵住项羽对刘邦的疑虑和追击，然后才有暗度陈仓，重返关中。刘邦定三秦以后，也是张良告诉项羽，刘邦得关中，如约即止，转移项羽的注意力，让项羽专心打击东边齐国的田荣，刘邦则联合诸侯乘虚而入，攻击彭城。刘邦在彭城大败之后，还是张良告诉刘邦，如何建立反楚的统一战线，有两个人可用，即彭越和黥布，而韩信可使其独当一面。韩信定齐地，要刘邦封其为齐王，刘邦最初不答应，是张良提醒刘邦，让张良亲自去授韩信齐王印信。垓下之战，也是张良提醒刘邦要"所降下者，因以与之"，这样别人才有作战的积极性，所以说张良"运筹帷幄之中，决胜千里之外",这话不假。实际上,在刘邦身边有一批这样的谋士和说客,如陈平、陆贾、隋何、郦食其等,都发挥了很大作用。其实中国革命战争年代,也有这一类谋士,恐怕也没有张良高明,他们都没有真正打过什么硬仗,但点子颇多,恕我就不指名道姓了。

至于带兵打仗,刘邦确实不如韩信,刘邦与项羽对峙,几乎十次有九次打的都是败仗,而韩信则每战必胜。在带兵的问题上,刘邦和韩信有过一段对话,《汉书·韩信传》称:

> 上尝从容与信言诸将能各有差。上问曰:"如我,能将几何?"信曰:"陛下不过能将十万。"上曰:"如公何如?"曰:"如臣,多多益办耳。"上笑曰:"多多益办,何为为我禽?"信曰:"陛下不能将兵,而善将将,此乃信之为陛下禽也。且陛下所谓天授,非人力也。"

这些话都是韩信被擒,由楚王改为淮阴侯后的对话,有一点奉承刘邦的意思。然而韩信是将才,而刘邦则是将将之才这一点不假。将兵的与将将的之间这一类相互关系的案例在中国历史上屡见不鲜,如曹操、孙权,都是将将之才,在其手下带兵的大将只能听从他们的调度和指挥,这是战争时期军事指挥的分工造成的,有指挥局部战役的,有布置全局的,前者为将,后者为帅,帅即是将将之才。当代历史上也是如此,彭德怀、林彪、陈赓、许世友等都是将才，但毛泽东是将将之才，他们之间只能是全局与局部的关系，局部服从于全局性的战略部署，只有二者配合默契，才能取得战争的胜利。这两类人物的品格和气度皆有其长处和短处。

刘邦赞萧何这几句话也是真心话，其与项羽相持于荥阳，屡战屡败，如果没有萧何在关中和巴蜀提供一个稳定的根据地，保障刘邦前方粮饷不缺，刘邦未必能坚持下来。项羽之所以失败，不是他不会打仗，他仗打得很好，与刘邦交手，几乎每战皆胜。彭城之役，项羽以三万精兵一下子击溃刘邦统率的五十六万大军，刘邦被打得抱头鼠窜。然而只有以稳定的后方根据地作支撑，要粮有粮，要兵有兵，才能取得最终的胜利。否则的话那五年是很难坚持下来的。

萧何有几件事，对刘邦影响甚大。刘邦攻进咸阳时，"诸将皆争走金帛财物之府分之，何独先入收秦丞相御史律令图书藏之。……汉王所以具知天下厄塞，户口多少，强弱之处，民所疾苦者，以何具得秦图书也。"（《史记·萧相国世家》）萧何这样摸清了全国的基本状况，才能对全局心中有数，这是第一件事。第二件事，是项羽在咸阳分封诸侯时，刘邦去不去汉中任汉王的问题。一开始刘邦怒项羽背约，欲谋攻项羽，"周勃、灌婴、樊哙皆劝之，何谏之曰：'虽王汉中之恶，不犹愈于死乎？'汉王曰：'何为乃死也？'何曰：'今众弗如，百战百败，不死何为？'"

（《汉书·萧何传》）这样，刘邦才去汉中就国。第三件事是刘邦与项羽在荥阳相持时，"何以丞相留收巴蜀，填抚谕告，使给军食。"在巴蜀和关中，萧何能"计户转漕给军，汉王数失军遁去，何常兴关中卒，辄补缺"（《汉书·萧何传》）。没有后方坚强有力的支持，那就无法保障前方的相持战争了。项羽的失败，就是没有后方根据地的支持，彭越不断骚扰项羽的军储，项羽垓下之败，不是败于战，而是败于"兵少食尽"，得不到足够的补给啊！两者比较，可见萧何对刘邦取得战争胜利的重要作用。

刘邦在即皇帝位以前，与诸王关系是肩并肩的，即皇帝位以后他与诸王的关系不再是肩并肩的关系了，而是君臣上下的关系了，刘邦心头并不甘心"功城略地者，因以与之"，刘邦与韩信的矛盾，在韩信请封假齐王之时已经埋下了，项羽一死，他便夺军权，把韩信从齐王改为楚王，接着在陈缚韩信至洛阳，以为淮阴侯。陈豨反，吕后用萧何计缚韩信于长乐宫斩之。韩信讲的"狡兔死，良狗亨"是韩信自己的感慨。刘邦与彭越、黥布的矛盾是同一回事，事实上打天下与坐天下不是一回事，打天下的人是武将，并不一定能坐天下。打下天下以后面临的不只是谁坐天下的问题，那时更主要的不是谁来坐享其成的问题，而是大战以后如何治理天下的问题，是一个国事管理问题。因为治天下的问题不再是过去打打杀杀，互相较劲的过程，而是如何建立社会秩序，如何使民众有一个安定和富裕的生活，这不是靠武力强迫所能实施的。战争基本结束，留下骄兵悍将不加约束地在分蛋糕上互相攀比的话，必然后患无穷。陆贾对刘邦讲的"马上得之，宁可以马上治乎？"（《汉书·陆贾传》）这话还是有道理的。治天下是文臣的事，因为那得靠恢复和发展生产与礼仪教化来解决，陆贾在刘邦面前称说《诗》《书》，也就是这个道理。那么打天下时的功臣宿将限于知识文化水平不高自然应后退一步，因为以军人治国太粗，用拳打脚踢那个打天下的本领来治天下有一定的难度。再者军人们只善于以力服人，不善于以理服人，只善于以势压服，还不行的话，就会动刀动枪了，这种方式不可能从根本上解决社会秩序问题。将领们参与政事的话，要脱下军装，离开军队。在《汉书·爰盎传》有爰盎与汉文帝的一段对话，"绛侯为丞相，朝罢趋出，意得甚。上礼之恭，常目送之。盎进曰：'丞相何如人也？'上曰：'社稷臣。'盎曰：'绛侯所谓功臣，非社稷臣。'"社稷臣是要治国，周勃厚重少文，让他治国是有难度的，你要了解社会各阶层的矛盾，知道如何去应对，那就不是周勃这一类打天下的功臣所长了。毛主席要许世友读《周勃传》也就是这个道理，要他读《红楼梦》也就是要他学文化，时代的形势不同了，要好好学习。

汉文帝时，要启用年轻的文人贾谊，周勃这个丞相与灌婴们便容不得他。《汉书·贾谊传》云："天子议以谊任公卿之位。绛、灌、东阳侯、冯敬之属尽害之，乃毁谊曰：'雒阳之人年少初学，专欲擅权，纷乱诸事。'于是天子后亦疏之，不用其议。"所以贾谊只能被下放去做长沙王太傅了。宋高祖所以杯酒释兵权，也就是这个道理，宋代重文轻武，是吸取了五代十国战乱的教训。记得毛泽东曾在各次讲话中推崇贾谊是秦汉时代年轻有为的历史人物，他对贾谊之死，深表惋惜，毛泽东在1958年写信给田家英，要田家英去读《汉书·贾谊传》中的《治安策》，说"这是西汉一代最好的政论"，认为"全文切中时弊，有一种很好的气氛"，说这"值得一读"。为什么说《治安策》是一篇好文章呢？贾谊有这么一段话，其云："孔子曰：'听讼，吾犹人也，必也使毋讼乎！'为人主计者，莫如先审取舍；取舍之极定于内，而安危之萌应于外矣。安者非一日而安也，危者非一日而危也，皆以积渐然，不可不察也。人主之所积，在其取舍。以礼义治之者，积礼义（即发展文明，靠文化来强国）；以刑罚治之者，积刑罚。刑罚积而民怨背，礼义积而民和亲。（我们不是也强调社会和谐嘛！）故世主欲民之善同，而所以使民善者或异。或道之以德教，或驱之以法令。道之以德教者，德教洽而民气乐；驱之以法令者，法令极而民风哀。哀乐之感，祸福之应也。"贾谊这一段话很有道理，周勃是写不出这样好文章来的，《治安策》讲的是治国之道啊！所谓德教者，文化建设也，礼乐者文化也，我们不是要建立文化强国嘛，文化也可以作为我们的支柱产业，有的可以走市场化的道路，如出版、电影、戏剧之类；有的则属于公益事业性质的，如博物馆、图书馆这一类非盈利性的；有的还可以走出国门去宣传我们的文化，并赚外汇，但最根本的还是道德礼教，以化吾民俗，现在叫文化强国。古人讲："化成俗定，则为人臣者主耳忘身，国耳忘家，公耳忘私，利不苟就，害不苟去，唯义所在。上之化也，故父兄之臣诚死宗庙，法度之臣诚死社稷，辅翼之臣诚死君上，守圉扞敌之臣诚死城郭封疆。故曰圣人有金城者，比物此志也。彼且为我死，故吾得与之俱生；彼且为我亡，故吾得与之俱存；夫将为我危，故吾得与之皆安。顾行而忘利，守节而仗义，故可以托不御之权，可以寄六尺之孤。此厉廉耻行礼谊之所致也。"（《汉书·贾谊传》）贾谊这段话也讲得非常精辟，君臣（现在不是君臣关系了，是领导与被领导的关系，是同志之间平等的相互关系）、父子、夫妇、兄弟、朋友之间的相互关系，是相对的，如果大家都能相依为命，那还争什么呢？这只有教化，也就是道德礼仪才能使人与人之间的关系达到这样自然而又和谐的境界。说到底还是思想领先，形式要有灵魂做内涵，在今天讲，这个灵魂便是复兴中华，否则的话，一切向钱看，即使物质生活好了，为人却失魂落魄，即使活着也是行尸走肉而已。

十四、战后军队士兵安置的问题

刘邦在汉五年打败项羽称帝以后，最紧迫的问题，是如何安置好在战争中形成的那支庞大的军队，如何尽快地恢复农业生产，从战时转入和平时期，把啸聚在山林草泽中打家劫舍的人召回来，安置好他们的生产生活。《汉书·高帝纪》记载汉五年：

> 夏五月，兵皆罢归家。诏曰："诸侯子在关中者，复之十二岁，其归者半之。民前或相聚保山泽，不书名数，今天下已定，令各归其县，复故爵田宅，吏以文法教训辨告，勿笞辱。民以饥饿自卖为人奴婢者，皆免为庶人。军吏卒会赦，其亡罪而亡爵及不满大夫者，皆赐爵为大夫。故大夫以上，赐爵各一级。其七大夫以上，皆令食邑，非七大夫以下，皆复其身及户，勿事。"

从诏令的内容看，其目的是为召集流民，释放奴婢，安置复员军人。诸侯子在关中者，指诸侯军队属下的士兵留在关中地区的，复之，是免除他们的徭役。秦代农民所服徭役很重，《汉书·食货志》载董仲舒所言："古者税民不过什一，其求易共，使民不过三日，其力易足"，"至秦则不然，用商鞅之法，改帝王之制，……一岁屯戍，一岁力役，三十倍于古"。每年服役时间要一个季度。刘邦是押徒去骊山服役，中途人逃散了，于是大家一起逃亡山林。陈涉也是因县尉押九百人去戍边，因大雨误期，才被迫起兵的。这都说明徭役太重是社会不稳定的重要因素。这里的"复之十二岁"，那就是免除他们十二年的徭役负担，使之安心农业生产。战后从关东回到关中的流亡者，半之，也就是可以有六年时间免除徭役。在外逃亡的，可以回到原来居住的地区，恢复他原来的爵位、土地以及房屋。秦的爵制，据《汉书·百官公卿表》记载，大体上是二十等级，其云：

爵：一级曰公士，二上造，三簪袅，四不更（以上四级相当于士），五大夫，六官大夫，七公大夫，八公乘，九五大夫（以上五级相当于大夫一级），十左庶长，十一右庶长，十二左更，十三中更，十四右更，十五少上造，十六大上造，十七驷车庶长，十八大庶长（以上九级相当于卿这一级），十九关内侯，二十彻侯（以上两级相当于诸侯）。

这是爵位的二十个等级的名称。秦国的爵位是用来论功行赏的，功，是指军功，《商君书·境内篇》讲："能得爵（甲）首一者，赏爵一级，益田一顷，益宅九亩。"古代军人中分两部分人，一部分是甲士，身份高，相当于西方中世纪的骑士；一部分是徒卒，身份低，是甲士的随从。这里是指能杀一个甲士，可以赏爵一级。对这个"爵"的用途，《韩非子·定法篇》说："商君之法曰：'斩一首者爵一级，欲为官者为五十石之官；斩二首者爵二级，欲为官者为百石之官。'官爵之迁与斩首之功相称也。"这也决定了古代战争的残酷。其次，便是上面所言根据爵位可以得到田宅。这里的田一顷，是指耕田，宅九亩，是指今之宅基地与自留田。当时土地空旷，所以可以分配的土地比较多。

同时，有爵位的人可以役使无爵的庶人。《商君书·境内篇》还讲到"其有爵者乞无爵者以为庶子，级乞一人。其无役事也，其庶子役其大夫月六日"。此外，爵位还可以用来赎罪、赎奴隶。如果是官爵因事被夺者，那其身份便降为士伍，即士卒之伍。故爵位在那时是代表身份和地位的。汉承秦的爵制，"军吏卒会赦，其亡罪亡爵及不满大夫者，皆赐爵为大夫"。这里是指从军的士卒遇赦免罪，因为从军者有的是有罪的徒卒，可以免其罪，或者本来没有罪而丢失爵位的，都赐以大夫这一爵位。这里大夫是秦爵制二十级中第五级，相当于大夫最低一级。原来有爵位在大夫以上的，都赐爵一级。七大夫，即七公大夫，爵位在此之上者，给予食邑，即有采邑，指有若干户为其提供赋役。在此下的皆免除其本身及户的一切徭役负担。除了上面那段诏令之外，刘邦同时还发布了一条诏令，其云：

>   七大夫、公乘以上，皆高爵也。诸侯子及从军归者，甚多高爵，吾数诏吏先与田宅，及所当求于吏者，亟与。爵或人君，上所尊礼，久立吏前，曾不为决，甚亡谓也。异日秦民爵公大夫以上，令丞与亢礼。今吾于爵非轻也，吏独安取此！且法以有功劳行田宅，今小吏未尝从军者多满，而有功者顾不得，背公立私，守尉长吏教训甚不善。其令诸吏善遇高爵，称吾意。且廉问，有不如吾诏者，以重论之。（《汉书·高帝纪》）

这一大段诏令，是对郡守、尉、令、长及其属吏下达的命令，督促他们严格按照诏令对回乡有高爵的军官给予田宅及各种优礼。秦代的爵制有官爵与民爵之分，二十等级之中还有官民之分，在制士人的身份分为士、大夫、卿、侯，这二十级分别按次序属于四大等级。另外还有两个等级划分，以七级公大夫为界，自一级公士到八级公乘是民爵，自九级五大夫起到彻侯都是官爵。这篇诏令又有高爵与低爵的划分，七级公大夫与八级公乘以上则属高爵。

刘邦在这篇诏令中督促各地方官员，对复员的军官和士兵必须根据爵位落实好田宅的分配，特别是对七大夫、八公乘以上的高爵。得高爵的都是诸侯身边的子弟兵，他们从军有功回乡。刘邦声称已几次下诏令要地方官先给他们分配和安置田宅，对他们提出的要求地方官必须积极帮助落实。有爵位的人，君王对他们都表示尊敬和礼貌，现在他们长时间站在地方官面前有所陈请，地方官却不能早为决断。这种情况非常不好，当年秦国民爵公大夫以上，到官府见县令和丞尉的话，县令与丞尉都要作揖以礼相见，今天我刘邦给的爵位不应该被轻视，你们地方官怎么能傲慢地对待他们呢？而且法令上已明确规定，依照功劳的大小分配土地和田宅给他们。现在地方上的小公务员，没有参过军，家里是盆满钵满，而有功劳有爵位的人反而享受不到应有的待遇，这是背公立私的行为，是你们郡守和尉、丞对部属教训不善的表现，所以命令你们各级官吏，都要善待有高爵复员回乡的功臣子弟，这样才符合我的意愿。如果检查发现不按照诏令规定办的，我一定会从重处罚有关人员。

刘邦这一段诏令是督促地方官认真执行中央对于转业复员安置方面的政策。之所以有这样的诏令，说明当时地方官员对此执行不力，亦可见上有政策、下有对策的情况古已有之。近水楼台先得月，有好处地方具体执行的官员会首先捞足，历来如此。不管这些命令落实情况如何，从这连续下达的两份诏令可以看到刘邦对军队的复员、士兵和军官的安置，奴隶的释放，流民的回归等政策的落实，这些政策对经济的恢复和社会的稳定是有益的，这是战争胜利取得政权以后，稳定大局必须要做的事。故王夫之在《读通鉴论》卷二之八，对刘邦罢兵归家的措施，称："高帝甫一天下，而早为之所。国不糜，农不困，兵有所归。下令于流水之源，而条委就理，不谓之有'大略'也得乎！"

在《汉书·食货志》有这样一段文字叙述汉初七十年社会经济总体的状况，其云：

> 至武帝之初七十年间，国家亡事，非遇水旱，则民人给家足，都鄙廪庾尽满，而府库余财。京师之钱累百巨万，贯朽而不可校。太仓之粟陈陈相因，充溢露积于外，腐败不可食。众庶街巷有马，仟伯之间成群，乘牸牝者摈而不得会聚。守闾阎者食梁肉；为吏者长子孙；居官者以为姓号。人人自爱而重犯法，先行谊而黜愧辱焉。于是罔疏而民富，役财骄溢，或至并兼豪党之徒以武断于乡曲。（《汉书·食货志上》）

这一大段话，说明了两个侧面，一方面由于文景之治，七十年的休养生息，民富国强，不仅百姓人给家足，而且各级衙门也积储丰满，国库的财政收入丰厚，铜钱堆积如山，太仓的粮食陈陈相因，吃不完，街上骑马的成群结队，要骑公马，如果骑牝马还受人白眼，官员的收入也比较稳定，家有肉食，而且世代相承，以至于他所担任的官职为其姓氏，如管仓、庾的便姓仓、姓庾，在人与人之间的关系上，以行谊为先，民风淳朴，百姓富足而法网也疏阔。另一方面也出现了富豪们骄奢淫佚，兼并强取，武断乡曲的现象。二者相较，百姓安居乐业，国家富足，这一方面占着主导地位。

汉初所以能出现这样一个比较丰衣足食的局面，归因于三点，一是刘邦对战后军队和流民的安置工作做得好，二是文景两代总的还比较节俭，上层集团的消费还没有恶性膨胀。汉孝文帝在位二十三年，班固的赞语，称其：

> 宫室、苑囿、车骑、服御无所增益。有不便，辄弛以利民。尝欲作露台，召匠计之，直百金。上曰："百金，中人十家之产也。吾奉先帝宫室，常恐羞之，何以台为！"身衣弋绨，所幸慎夫人衣不曳地，帷帐无文绣，以示敦朴，为天下先。治霸陵，皆瓦器，不得以金、银、铜、锡为饰，因其山，不起坟。（《汉书·文帝纪》）

班固这一段话，都是从《史记·孝文本纪》搬过来的，司马迁离那个时代比较近，这个评语看来还可信，做皇帝了，要修一个平台，费百金也舍不得，自己身穿黑色的粗布衣服，宠爱的慎夫人衣不曳地，这一点也不容易了。故汉武帝初年，社会财富的积累是靠先辈节俭而来的。

三是文帝年代，时时强调以农为本，他即位次年之正月便下诏："夫农，天下之本也，其开藉田，朕亲率耕，以给宗庙粢盛。"（《汉书·文帝纪》）以亲自参加农事劳动来强调以农立国的方针，到了九月间又下诏曰："农，天下之大本也，民所恃以生也，而民或不务本而事末，故生不遂。朕忧其然，故今兹亲率群臣农以劝之。其赐天下民今年田租之半。"（《汉书·文帝纪》）十年以后即文帝十二年，他又下重农之诏书以督促地方官府，其诏云："道民之路，在于务本。朕亲率天下农，十年于今，而野不加辟，岁一不登，民有饥色，是从事焉尚寡，而吏未加务也。吾诏书数下，岁劝民种树，而功未兴，是吏奉吾诏不勤，而劝民不明也。且吾农民甚苦，而吏莫之省，将何以劝焉？其赐农民今年租税之半。"（《汉书·文帝纪》）次年六月，他又下诏曰："农，天下之本，务莫大焉。今廑身从事，而有租税之赋，是谓本末者无以异也，其于劝农之道未备。其除田之租税。赐天下孤寡布、帛、絮各有数。"（《汉书·文帝纪》）从这些诏令可见在文帝一代以农为本这个观念是贯穿始终的，这一条基本国策保障了汉初七十年国富民强、丰衣足食的局面。

十五、刘邦如何论功行赏

刘邦打败项羽以后，与项羽进咸阳时一样，都遇到了一个论功行赏的问题，这实际上是既得利益再分配的问题，项羽在这个问题上没有处理好，弄得天下大乱，诸侯王群起而攻之，楚汉相争你死我活地打了五年，以强大的项羽失败、弱小的刘邦取胜告终。这时候刘邦同样遇到了这个问题，论功行赏，包括两个部分，一个是有大功劳的如何论功行赏，这是指对萧何、曹参、张良这些顶端人物，其实还包括樊哙、周勃、灌婴、王陵这样的一大批功臣宿将。另一批是功劳不大，过去与刘邦有过隙，如雍齿那样的人物，后来也长期追随刘邦左右，没有功劳也有苦劳，如果安置不好，这部分人也要起来作乱造反的。至于韩信、黥布、彭越这一类诸侯王，他们有自己的领地，实际上都是刘邦打天下的同盟军，这些人如何处置，则又另当别论。我们先讨论前面两批功臣宿将如何论功行赏的问题。

《汉书·萧何传》讲到当时论功行赏的情况，其云：

汉五年，已杀项羽，即皇帝位，论功行封，群臣争功，岁余不决。上以何功最盛，先封为酂侯，食邑八千户。功臣皆曰："臣等身被坚执兵，多者百余战，少者数十合，攻城略地，大小各有差。今萧何未有汗马之劳，徒持文墨议论，不战，顾居臣等上，何也？"上曰："诸君知猎乎？"曰："知之。""知猎狗乎？"曰："知之。"上曰："夫猎，追杀兽者狗也，而发纵指示兽处者人也。今诸君徒能走得兽耳，功狗也；至如萧何，发纵指示，功人也。且诸君独以身从我，多者三两人；萧何举宗数十人皆随我，功不可忘也！"群臣后皆莫敢言。

论功行赏，功有大小，赏也有大小先后，有功将相大臣那么多，行赏还有先后次序，先封功劳大的侯一级，也就是关内侯和彻侯这二十级中爵位最高的两级。众功臣居然为此争功，长时间定不下来，可见这件事要做好也难，因为大家都有一个攀比的问题，有攀比必有争论，所以这一件事就是难题。项羽由于没有处理好论功行赏的问题，好事变成坏事，结果带来五年战乱。刘邦论功行赏，"岁余不决"，可见争论和分歧之多。把萧何先封为酂侯（侯是爵位最高的一级），大家不服，刘邦以狩猎为喻，以功狗、功人为喻说服大家，实在不容易了。论功行赏以后，还要依功劳大小排次序，而且要大家心服口服。《汉书·萧何传》云：

列侯毕已受封,奏位次,皆曰:"平阳侯曹参身被七十创,攻城略地,功最多,宜第一。"上已桡功臣多封何,至位次未有以复难之,然心欲何第一。关内侯鄂(千)秋时为谒者,进曰:"群臣议皆误。夫曹参虽有野战略地之功,此特一时之事。夫上与楚相距五岁,失军亡众,跳身遁者数矣,然萧何常从关中遣军补其处。非上所诏令召,而数万众会上乏绝者数矣。夫汉与楚相守荥阳数年,军无见粮,萧何转漕关中,给食不乏。陛下虽数亡山东,萧何常全关中待陛下,此万世功也。今虽无曹参等百数,何缺于汉?汉得之不必待以全。奈何欲以一旦之功加万世之功哉!萧何当第一,曹参次之。"上曰:"善。"于是乃令何第一,赐带剑履上殿,入朝不趋。上曰:"吾闻进贤受上赏,萧何功虽高,待鄂君乃得明。"于是因鄂(千)秋故所食关内侯邑二千户,封为安平侯。是日,悉封何父母兄弟十余人,皆食邑。乃益封何二千户,"以尝繇咸阳时何送我独赢钱二也。"

从这两段文字看,同样是论功行赏,刘邦比项羽要民主一些,项羽是以霸王自居,个人独断,刘邦则要大家一起讨论,宁可多花一些时间,在讨论过程中折衷平衡方方面面的矛盾,这样就平稳得多了,避免使矛盾尖锐化。刘邦并不是没有自己的主张,但要讲道理，讲得大家心服口服。在利益和权力再分配上要处理得各方面都满意是不容易的，先封萧何为酂侯，很多人就不服气，刘邦以功狗和功人为喻，前方战将才服气。在排位次的问题上，曹参和萧何谁排第一，刘邦感到自己在封侯时，已经反对过诸功臣的意见，因而此次感到为难。是关内侯鄂千秋站在他一边为萧何说话，三条理由都站得住，刘邦在前方溃败时，是萧何为他补给兵员；前方缺粮，是萧何保障粮饷供给；前方失地，是萧何保全关中作为刘邦的根据地。项羽就没有这样一个可靠的后方补给，所以失败了。这些理由说得大家心服口服，鄂千秋因此从关内侯升一级，成为安平侯，那是帮刘邦平安渡过了论功行赏这一难关。

上面两段诏令讲的是当时高级干部之间的利益再分配问题。实际上不过涉及二十多人，在此以下的中级干部的利益再分配，同样是刘邦所面临的难题。我们不妨看一下《汉书·张良传》，看张良是如何帮助刘邦处理这一难题的。其云：

> 汉六年（前201年），封功臣。良未尝有战斗功，高帝曰："运筹策帷幄中，决胜千里外，子房功也。自择齐三万户。"良曰："始臣起下邳，与上会留，此天以臣授陛下。陛下用臣计，幸而时中，臣愿封留足矣，不敢当三万户。"乃封良为留侯，与萧何等俱封。
>
> 上已封大功臣二十余人，其余日夜争功而不决，未

得行封。上居雒阳南宫，从复道望见诸将往往数人偶语。上曰："此何语？"良曰："陛下不知乎？此谋反耳。"上曰："天下属安定，何故而反？"良曰："陛下起布衣，与此属取天下，今陛下已为天子，而所封皆萧、曹故人所亲爱，而所诛者皆平生仇怨。今军吏计功，天下不足以遍封，此属畏陛下不能尽封，又恐见疑过失及诛，故相聚而谋反耳。"上乃忧曰："为将奈何？"良曰："上平生所憎，群臣所共知，谁最甚者？"上曰："雍齿与我有故怨，数窘辱我，我欲杀之，为功多，不忍。"良曰："今急先封雍齿，以示群臣，群臣见雍齿先封，则人人自坚矣。"于是上置酒，封雍齿为什方侯，而急趣丞相御史定功行封。群臣罢酒，皆喜曰："雍齿且侯，我属无患矣。"

从《汉书·张良传》这两段记载，可以知道刘邦讨论论功行赏的事，前后历时长达一年，可见此事之难办。第一批被封的不过二十多人，原来把张良封在齐，采邑多达三万户，他不敢要，多了遭忌，所以只要了一个留侯。大部分人还没封，一个个来处理，时间很长了，大家都在争功大小，如果摆不平要出乱子，但要摆平多数人，又不是一件容易的事，怎么才能使大家安心慢慢等待？将多数人论功行赏问题处理好了，即使少数人心理不平衡，那也不会成为大问题。雍齿封侯这个故事是解决使多数人安下心来的问题，关键是让多数人相信刘邦能公平对待自己。雍齿与刘邦之间的过隙在早期，是刘邦从沛县起兵以后的事，雍齿原为刘邦的下属，《汉书·高帝纪》云：

> 秦二年(前208年)十月，沛公攻胡陵、方与，还守丰。秦泗川监平将兵围丰。二日，出与战，破之。令雍齿守丰。十一月，沛公引兵之薛。秦泗川守壮兵败于薛，走至戚，沛公左司马得杀之。……魏人周市略地丰、沛，使人谓雍齿曰："丰，故梁徙也。今魏地已定者数十城。齿今下魏，魏以齿为侯守丰；不下，且屠丰。"雍齿雅不欲属沛公，及魏招之，即反为魏守丰。沛公攻丰，不能取。沛公还之沛，怨雍齿与丰子弟畔之。

这里的周市是魏王咎的相，后来的魏王豹是项羽封的西魏王，楚汉相争时，站在项羽一边，为汉军所破，在荥阳被杀。雍齿早期曾背叛刘邦投靠魏之周市，刘邦自薛回师，雍齿不纳刘邦，反为魏守城，刘邦攻城未能成功，因而心中对雍齿非常愤恨。尽管后来雍齿又回到刘邦手下，但这件事刘邦还是一直记在心头，想着找机会算账的，这在当时众人皆知。如今连雍齿这样与刘邦有宿怨的人也封了侯，那么其他人也就放心了。这是张良为刘邦出的点子，从而使多数人都能安下心来，知道封赏只是时间问题，只要耐心等待就行了。

封赏结束以后，大家还是担心，说不定哪一天刘邦说变脸就变脸。刘邦即帝位以后，会不会还有变局，那些功臣宿将们心中都还有顾虑。怎么才能使他们真正安下心来呢？这就是刘邦与功臣宿将们立下的白马盟誓，表示世世代代将信守承诺，决不食言。《汉书·高帝纪》之末，称刘邦"与功臣剖符作誓，丹书铁契，金匮石室，藏之宗庙"，所谓"与功臣剖符作誓"，便是指刑白马对天盟誓，用丹砂书写，并铸在铁券上，以示永久，用"金匮"（即金属的盒子）装起来，以石为室，来放那个誓言，并且藏在宗庙，以示庄严隆重。

在《史记·汉兴以来诸侯王年表》的序文中，讲了这个誓文的内容，那就是："非刘氏而王者，若无功上所不置而侯者，天下共诛之。"也就是只有刘邦的子孙可以封为诸侯王，只有被刘邦封侯之功臣的子弟才能袭封侯，谁违背这个誓言，那么天下可以起兵共同讨伐他。这是为了把刘氏与功臣宿将之间的联盟关系凝固化，它标志着，汉王朝的天下，是刘邦与百余封侯的功臣宿将们一起打下来的，姓刘的世世代代称帝称王，而功臣宿将们世世代代为侯，永远不得变更。故誓文中称："使河如带，泰山若厉，国以永宁，爰及苗裔。"（《史记·高祖功臣侯者年表》）意谓只有黄河之水少若带，泰山之石危坠，那时国乃灭绝，目的是通过帝室与功臣的共同努力，使王朝永远安宁，恩德延及子孙。盟誓的这些内容在《汉书·王陵传》和《汉书·周亚夫传》中也得到了印证，那都是刘邦去世以后的事。《汉书·王陵传》云：

> 为右丞相二岁，惠帝崩。高后欲立诸吕为王，问陵。陵曰："高皇帝刑白马而盟曰：'非刘氏而王者，天下共击之。'今王吕氏，非约也。"太后不说。

《汉书·周亚夫传》所言之事在景帝时，周亚夫为丞相，窦太后要封王皇后之兄王信为侯，景帝感到为难。

> 上曰："请得与丞相计之。"亚夫曰："高帝约'非刘氏不得王，非有功不得侯。不如约，天下共击之。'今信虽皇后兄，无功，侯之，非约也。"上默然而沮。

在"白马盟誓"的背后，刘邦还有这样一层意思，即要保刘家王朝的天下，只靠刘姓子孙是有难处的，还得靠功臣宿将的子子孙孙一起来维系，故在刘邦看来，要维持这个王朝统治必然是一个带有世袭性的集团的共同需要。

这个白马盟誓靠得住吗？不完全靠得住，因为集团内部利益关系在变化。刘邦与萧何之间，在刘邦晚年就有矛盾，其传载：

"何买田宅必居穷辟处，为家不治垣屋。曰：'令后世贤，师吾俭；不贤，毋为势家所夺。'"（《汉书·萧何传》）故萧何的子孙为酂侯者至王莽败乃绝，关键还是看你如何自处。萧何去世，曹参为相三年去世，百姓歌之曰："萧何为法，讲若画一；曹参代之，守而勿失。载其清靖，民以宁壹。"（《汉书·萧何曹参传》）曹参也是汉高祖六年封侯的，他的侯爵传五代，汉武帝时被废了。张良封的是留侯，张的晚年避祸而弃人间事，成年闭门不出，死后传其子不疑，不久被汉文帝废了。陈平是孝文帝二年去世的，传至第四代陈何，坐罪被弃市死。周勃，比较张扬，在文帝时免相归国，有人告发他造反被关押，他说："吾尝将百万军，安知狱吏之贵也！"（《汉书·周勃传》）出来以后，在封国安度晚年，他儿子周亚夫，在平定七国之乱中有功，为宰相，然在废立太子的问题上，有分歧，故景帝认为"此鞅鞅，非少主臣也！"（《汉书·周亚夫传》）结果是饿死在狱中，封国亦绝。故"丹书铁契"并不一定可靠，因为社会关系、人事之间的相互关系是随着社会的矛盾而变化着的。

魏晋南北朝，是世家大族最辉煌长久的时代，实际上这些世家的后代日子并不好过。东晋南朝，以王、谢这两家世族名望最高，王家有王导，在东晋建国有功；谢家有谢安，对东晋的稳定有功，他们的后代贯穿六朝，但日子不好过。大家知道王羲之，他是王家的代表人物，以书法闻名于世，他的次子王凝之便被孙恩所杀，史载:"王氏世事张氏五斗米道,凝之弥笃。孙恩之攻会稽,僚佐请为之备。凝之不从,方入靖室请祷,出语诸将佐曰:'吾已请大道,许鬼兵相助,贼自破矣。'既不设备,遂为孙所害。"(《晋书·卷八十》)谢安的孙侄辈若谢明慧、谢邈都为孙恩所害。在易代后,南朝刘裕的宋代,王、谢两家的后代日子也不好过,王家的王敬弘,官儿做得不小,但他步步留心,时时在意,宋文帝问他时政得失,他说:"天下有道,庶人不议。"(《宋书·王敬弘传》)怕惹是非,那时相当于宰相的尚书仆射何尚子去见他,他不见;他儿子王恢之走马上任时,去见他,他也不见,他是不多说一句话,不多行一步路以避祸。谢家在刘宋时出了一个谢晦,他官位很高,拜访他的人很多,门庭若市,他的哥哥谢瞻对他说:"汝名位未多,而人归趣乃尔。吾家以素退为业,不愿干豫时事,交游不过亲朋,而汝遂势倾朝野,此岂门户之福邪?"还说:"吾不忍见此。"《宋书·谢瞻传》,后来谢晦为宋文帝所杀。还有一个诗人,谢家的谢灵运,由于太张扬,最终也为宋文帝所杀。唐人刘禹锡有诗《金陵五题》,其中有一首《乌衣巷》,其云:"朱雀桥边野草花,乌衣巷口夕阳斜。旧时王谢堂前燕,飞入寻常百姓家。"乌衣巷是王、谢两家故宅所在。刘禹锡的下一首诗是《台城》:"台城六代竞豪华,结绮临春事最奢。万户千门成野草,只缘一曲后庭花。"台城是指金陵宫禁之地,结绮与临春皆为其寻欢作乐作长夜之饮的场所,《后庭花》是南朝陈后主最喜欢的一首曲子,但它是亡国之音,六朝世家子弟所寄身之地最终成野草丛生的荒地了,故贵族世家的出身门第并不可靠,一个时代有一个时代的英豪,从来不以门第出身论人,所以"文革"时期"老子英雄儿好汉"的"血统论"是一种极其陈腐的思潮。再说,"非刘氏不得王"这个观念也影响深远。西汉末农民起义,都要找姓刘的来当皇帝,绿林找了刘玄为帝,赤眉找了刘盆子为帝,最终是刘秀取得胜利,建立东汉。虽然他们都与刘邦有某种血缘关系,刘秀毕竟是打出来的,刘盆子是捧上去的。其实看一个人,仅凭其家世、出身成分是最靠不住的,能力不是凭血缘关系可以继承的。

十六、刘邦处置异姓王的问题

刘邦称帝，是楚王韩信、韩王信、淮南王黥布、梁王彭越、故衡山王吴芮、赵王张敖、燕王臧荼这七个异姓王共同推举的。刘邦称帝以后，最不放心的也就是这几个推举他称帝的异姓王了。他们在楚汉相争时，只是刘邦的同盟者，从反秦起家上讲，他们与刘邦也是平起平坐的，他们的地位是靠自己打下来的，他们与刘邦只是在反对项羽的斗争中结成统一战线。既然共同的敌人不存在了，那么统一战线就不可能有一个共同的斗争目标，他们内部之间的相互矛盾也就势必上升为主要矛盾，这就使刘邦与他们的矛盾上升到主要地位，刘邦最害怕的就是这些异姓王势力扩大起来，会取代他的地位。

汉五年秋七月，燕王臧荼第一个起来造反。臧荼原为燕将，从楚救赵，项羽入关以后立臧荼为燕王，都蓟（现在北京近郊）。燕地偏远，楚汉相争，臧荼基本上是中立的。刘邦一统天下之后，臧荼当然有顾虑。刘邦亲自带兵讨伐，九月便俘虏了臧荼，由于卢绾随刘邦击臧荼有功，于是立卢绾为燕王。接下来是利幾反，利幾是项羽将，项羽败后降汉，原为陈公，刘邦封其为侯，让他去颍川，又召他去洛阳，利幾恐，遂反。于是刘邦亲自击破之，这是消灭项羽的残余势力。异姓七王中，以楚王韩信势力最大，当然受到刘邦的疑忌。汉六年，即有人告楚王信谋反。为什么刘邦会怀疑韩信反呢？因为项羽原来所部的勇将钟离眛在韩信那儿，而且素与信善，刘邦下令要韩信抓钟离眛。《汉书·韩信传》云：

> 信初之国，行县邑，陈兵出入。有变告信欲反，书闻，上患之。用陈平谋，伪游于云梦者，实欲袭信，信弗知。高祖且至楚，信欲发兵，自度无罪；欲谒上，恐见禽。人或说信曰："斩眛谒上，上必喜，亡患。"信见眛计事，眛曰："汉所以不击取楚，以眛在。公若欲捕我自媚汉，吾今死，公随手亡矣。"乃骂信曰："公非长者！"卒自刭。信持其首谒于陈。高祖令武士缚信，载后车。信曰："果若人言，'狡兔死，良狗亨'。"上曰："人告公反。"遂械信。至雒阳，赦以为淮阴侯。

这是韩信被抓、楚王王位被废、改为淮阴侯的经过，韩信犯忌的有两点，一是收留项羽的亡将钟离眛，二是陈兵出入。这当然会引起刘邦的怀疑，害怕韩信与项羽原来的部属结合起来，成为独立的力量。同时韩信太能干了，朝廷诸将很少有人能与韩信对手交战的。刘邦在世时还好，身后就难说了。在那时候，刘邦还不想杀韩信。

韩信被抓，其他异姓诸侯王亦恐，第一个发生问题的是韩王信。韩王信是张良招抚韩地时提拔起来带兵的将领，曾带兵随刘邦入关中，在汉楚相争于荥阳时，随周苛守荥阳，项羽下荥阳，韩王信降楚，不久又亡归刘邦。故韩国是四战之地，天下劲兵所在，刘邦迁他到太原，以备匈奴，都城晋阳，他修马邑以备匈奴。高祖六年（前201年）匈奴围信，韩王信与匈奴信使往来，刘邦疑其有二心，故为书责之，结果韩王信以马邑（今山西朔县）降匈奴。刘邦亲自带兵去讨伐韩王信，结果被匈奴困于平城（今山西大同）七日，不得食，用陈平计得以出平城。韩王信跟随匈奴屡次骚扰边境，直到汉十一年（前196年）汉派遣柴将军进军，方才屠参合城，斩信。但韩王信的子孙仍在匈奴，至文帝时才归汉。

刘邦这个人晚年多疑，八年（前199年）冬，路过赵，《汉书·高帝纪》称："还过赵，赵相贯高等耻上不礼其王，阴谋欲弑上。上欲宿，心动，问：'县名何？'曰：'柏人。'上曰：'柏人者，迫于人也。'去弗宿。"这一段说贯高欲弑刘邦，并未有事实根据。过了一年，刘邦想封自己喜欢的儿子如意为赵王时，就拿贯高说事。那年十一月，"贯高等谋逆发觉，逮捕高等，并捕赵王敖下狱。诏敢有随王，罪三族。郎中田叔、孟舒等十人自髡钳为王家奴，从王就狱。王实不知其谋。春正月，废赵王敖为宣平侯。徙代王如意为赵王，王赵国。……贤赵臣田叔、孟舒等十人，召见与语，汉廷臣无能出其右者。上说，尽拜为郡守、诸侯相。"(《汉书·高帝纪》)从这件事的过程看，抓捕赵王敖没有事实根据，目的是给代王如意找一个好的封地，代地太靠近匈奴，不安全。田舒、孟叔等十人冒死随赵王敖入狱的事，显示其对故主忠心不二，所以被刘邦重用。赵王敖由于没有谋反的行动，被废为宣平侯，得以善终。

进一步诱发刘邦清除异姓诸侯王的原因与陈豨的变乱有关。《汉书·卢绾传》讲到陈豨的经历，其云：

> 豨者，宛句人也，不知始所以得从。及韩王信反入匈奴，上至平城还，豨以郎中封为列侯，以赵相国将监赵、代边，边兵皆属焉。豨少时，常称慕魏公子，及将守边，招致宾客。常告过赵，宾客随之者千余乘，邯郸官舍皆满。豨所以待客，如布衣交，皆出客下。赵相周昌乃求入见上，具言豨宾客盛，擅兵于外，恐有变。上令人覆案豨客居代者诸为不法事，多连引豨。豨恐，阴令客通使王黄、曼丘臣所。汉十年秋，太上皇崩，上因是召豨。豨称病，遂与王黄等反，自立为代王，劫略赵、代。上闻，乃赦吏民为豨所诖误劫略者。上自击豨，破之。

初，上如邯郸击豨，燕王绾（即卢绾，从刘邦破燕王臧荼，以绾为燕王）亦击其东北。豨使王黄求救匈奴，绾亦使其臣张胜使匈奴，言豨等军破。胜至胡，故燕王臧荼子衍亡在胡，见胜曰："公所以重于燕者，以习胡事也。燕所以久存者，以诸侯数反，兵连不决也。今公为燕欲急灭豨等，豨等已尽，次亦至燕，公等亦且为虏矣。公何不令燕且缓豨，而与胡连和？事宽，得长王燕，即有汉急，可以安国。"胜以为然，乃私令匈奴兵击燕。绾疑胜与胡反，上书请族胜。胜还报，具道所以为者。绾寤，乃诈论他人，以脱胜家属，使得为匈奴间。而阴使范齐之豨所，欲令久连兵毋决。

从这两段文字，可以知道陈豨原来是刘邦的郎中，击灭臧荼以后，他负责在赵、代边境带兵抵御匈奴南下，故与匈奴人常有来往。这个地区成为汉与匈奴之间的中间地带。那时战国遗风尚在，魏公子即魏信陵君无忌，战国末的四公子都好结交宾客，因而纵横家有了活动的余地，陈豨宾客盛这种情况自然受到刘邦疑忌。刘邦用伪游云梦的方法抓捕了韩信，改封其为淮阴侯，又灭掉燕王臧荼，这两件事在异姓诸侯王之间自然引起了恐慌。在陈豨被宾客违法事牵连的情况下，刘邦召其进京，他当然感到害怕而托病不往，于是与韩王信在那个地区的余部王黄及曼丘臣联合起来，以匈奴为背景反汉。燕王卢绾受其派往匈奴使节张胜的影响，采取骑墙的办法以图自存。汉与匈奴之间中间地带的各个势力集团都集合在陈豨周围，刘邦当然不会允许这种离心倾向的存在，下决心解决东北地区边境的安全问题，亲自带兵去邯郸消灭这股势力。《汉书·高帝纪》云：

> 上自东，至邯郸。上喜曰："豨不南据邯郸而阻漳水，吾知其亡能为矣。"赵相周昌奏常山二十五城亡其二十城，请诛守尉。上曰："守尉反乎？"对曰："不。"上曰："是力不足，亡罪。"上令周昌选赵壮士可令将者，白见四人。上嫚骂曰："竖子能为将乎！"四人惭，皆伏地。上封各千户，以为将。左右谏曰："从入蜀汉，伐楚，赏未遍行，今封此，何功？"上曰："非汝所知。陈豨反，赵、代地皆豨有。吾以羽檄征天下兵，未有至者，今计唯独邯郸中兵耳。吾何爱四千户，不以慰赵子弟！"皆曰："善。"又求："乐毅有后乎？"得其孙叔，封之乐乡，号华成君。问豨将，皆故贾人。上曰："吾知与之矣。"乃多以金购豨将，豨将多降。
>
> 十一年冬，上在邯郸。豨将侯敞将万余人游行，王黄将骑千余军曲逆，张春将卒万余人度河攻聊城。汉将军郭蒙与齐将击，大破之。太尉周勃道太原入定代地，

至马邑，马邑不下，攻残之。豨将赵利守东垣，高祖攻之不下。卒骂，上怒。城降，卒骂者斩之。诸县坚守不降反寇者，复租赋三岁。

从《汉书·高帝纪》所引两段话可知这次平定陈豨叛乱，是刘邦亲自动手花了大力气才最终解决的。陈豨的力量主要在邯郸以北，常山郡是以今石家庄为中心的地区，在邯郸以北、巨鹿以西，那个郡二十五个县，陈豨占了二十个。刘邦在那儿与陈豨对阵，靠的还是当地人。豨将原来都是商人，这个地区是汉与匈奴交界地区，牧区与农区之间的贸易和交换培植了商人，商人图利，刘邦利用这一点分化了陈豨的部属。陈豨的主力都在正面对抗刘邦的部队，刘邦则在此时让周勃率军从太原经代郡抄了陈豨的后方，使陈豨处于腹背两面受敌的态势。没有匈奴的接应，陈豨很快失败被杀。

由于陈豨的事，连带梁王彭越、淮阴侯韩信也都被杀。彭越是因陈豨叛乱时，刘邦征兵梁王彭越，彭称病不往，于是有人告发梁王谋反，刘邦派人捕彭越，囚之洛阳，后赦为庶人，徙蜀，途遇吕后，彭越向吕后哭诉自己无罪，结果反被吕后所杀。韩信则是因与陈豨交通，被人告发谋反，萧何设计，诈言陈豨被杀，令入朝相贺，韩信入宫，吕后使武士缚信斩之。韩信和彭越被杀以后，淮南王黥布恐，亦反，为刘邦所破，在鄱阳被杀。

再说陈豨被杀以后,他与卢绾之间的关系,以及与韩信之间的交通都暴露了,所以吕后在长安处置了彭越、韩信。最后处置燕王卢绾,《汉书·卢绾传》云:

> 汉既斩豨,其裨将降,言燕王绾使范齐通计谋豨所。上使使召绾,绾称病。又使辟阳侯审食其、御史大夫赵尧往迎绾,因验问其左右。绾愈恐,闭匿,谓其幸臣曰:"非刘氏而王者,独我与长沙耳。往年汉族淮阴,诛彭越,皆吕后计。今上病,属任吕后。吕后妇人,专欲以事诛异姓王者及大功臣。"乃称病不行,其左右皆亡匿。语颇泄,辟阳侯闻之,归具报,上益怒。又得匈奴降者,言张胜亡在匈奴,为燕使。于是上曰:"绾果反矣!"使樊哙击绾。绾悉将其宫人家属,骑数千,居长城下候伺,幸上病愈,自入谢。高祖崩,绾遂将其众亡入匈奴,匈奴以为东胡卢王。为蛮夷所侵夺,常思复归。居岁余,死胡中。

刘邦去世前后,七个异姓王大都被杀,只留下一个长沙王吴芮以及被废为宣平侯的赵王敖,取代异姓诸侯王的是刘邦子弟的同姓王。其实诸侯王的问题不在同姓、异姓,秦始皇废分封行郡县制,关键是废除诸侯王在地方上的世袭制,郡县制是流官,是中央在地方上的派出机构。维持中央集权的统一帝国，就不能保留世袭的诸侯王制度，即使把异姓改为同姓，分裂的因素也仍然存在。刘邦把这个矛盾留给了他的子孙，使同姓诸侯王问题成为国内矛盾焦点，直到汉景帝平定七国之乱，汉武帝推行推恩令，才比较彻底地解决了这个问题。诸侯王的世袭制度，对刘邦的后代不是一件好事，实际上反而害了他们。《汉书·诸侯王表二》之序文叙述汉同姓诸侯王始末，其云：

> 然诸侯原本以大，末流滥以致溢，小者淫荒越法，大者睽孤横逆，以害身丧国。故文帝采贾生之议分齐、赵，景帝用晁错之计削吴、楚。武帝施主父之册，下推恩之令，使诸侯王得分户邑以封子弟，不行黜陟，而藩国自析。自此以来，齐分为七，赵分为六，梁分为五，淮南分为三。皇子始立者，大国不过十余城。长沙、燕、代虽有旧名，皆亡南北边矣。景遭七国之难，抑损诸侯，减黜其官。武有衡山、淮南之谋，作左官之律，设附益之法，诸侯惟得衣食税租，不与政事。至于哀、平之际，皆继体苗裔，亲属疏远，生于帷墙之中，不为士民所尊，势与富室亡异。

这一段引文的具体解释留待以后再说，涉及汉文帝、景帝、武帝三代事，与贾谊、晁错、主父偃三个历史人物有关，还有各诸侯王国子子孙孙的各种状态。归根结蒂，对子孙来说养尊处优不是好事情，虽然从眼前看生活条件优越，不愁吃穿，但养就的是懒人。人才是从困境中奋斗出来的，不经艰难何以成才？所以依仗父祖余荫为生的，时间长了，反而走向反面，获益是暂时的，受害是终生的。《汉书·萧何传》讲到萧何晚年，其云：

> 何买田宅必居穷辟处，为家不治垣屋。曰："令后世贤，师吾俭；不贤，毋为势家所夺。"

这个考虑还是比较深远的，子孙贤与不贤，形势的变化都很难预测，为子孙计，居穷僻处，一可以俭，二可以避开矛盾漩涡的中心。不能认为现在得势，将来就得势。处于形势险要之处，正是各方面争夺的焦点，子孙若不聪明，不明时势的变化，又何以自全？处穷僻之处，反而能保一个平安，这正是萧何聪明过人之处，知道进退方是英雄本色。

十七、刘邦与知识分子群体

秦汉之际，楚汉相争的过程中，在刘邦身边汇集着一批知识分子，他们有的是刘邦在沛县起事不久就参预其事的，如萧何与曹参；有的是在刘邦行军过程中，陆续来到刘邦身边的，如郦食其、陆贾、叔孙通；有的是在项羽那里不得志，然后转而投奔刘邦而来的，如韩信与陈平。其中有的人是文武双全，如韩信与曹参，而大部分是出谋划策和游说之士，用现在的话说，他们既当参谋，又当外交使节，纵横捭阖于各国之间。春秋末与战国时期，士大夫这个阶层崛起，他们都有周游列国，在列国兼并战争中寻找自己大展宏图的机会。

孔夫子与孟子都曾经周游列国，那时的知识分子对国家的认同和归属感不是很强，换一句话说，那个时期君择臣，臣亦择君，统一国家没有最终形成，各方都有一个选择的自由。在中国历史上，凡属分裂鼎足时期，都曾出现过这种状况，在这个纷争的过程中，谁能集中知识分子的智慧，充分发挥他们的聪明才智，谁往往就会是最终的胜利者。在这个问题上项羽不如刘邦，曾经是自己身边的人不能重用，结果跑到对方那里去，却发挥了很大的作用，并且给了自己致命一击，如陈平与韩信便是。谁能礼贤下士，广纳各方建议，谁就能让这些士子忠心耿耿为他服务，田横与五百壮士就是一个很好的案例，赵王敖的郎中田叔、孟舒等也属于这类例子。士子为人还得有一点气节，不能有奶便是娘，唯有如此，君臣之间才能建立比较牢固的相互关系，才能患难与共，不为一时一事之得势而左右摇摆。当然，这一点也是相对的，有时它也会随着根本利益关系的变化而发生变化，其变化也是因人因时因事而异的。知识分子的作用，说到底是一个智库的作用，也就是信息量的占有与处置的能力。还有就是调节人际关系上，宣传和组织的能力。这两方面的能力协调得好，就能在矛盾冲突和斗争中，为当局者争取更多的有利条件，为挽回败局，为赢得胜利取得更多的机会。

有了对刘邦与其知识分子群体相互关系的基本概念，我们再来分析几个具体案例，从哲学上讲我们便能从个别中看到一般，而不是就事论事了。

先说郦食其，毛泽东在1962年的七千人大会上讲霸王别姬那个故事，就提到了刘邦与郦食其的关系。《汉书·郦食其传》云：

> 郦食其，陈留高阳人也。好读书，家贫落魄，无衣

食业。为里监门，然吏县中贤豪不敢役，皆谓之狂生。

郦食其见刘邦的情况前已言及，他为刘邦进军咸阳提出了先取陈留的建议。其传云：

问曰："计安出？"食其曰："足下起瓦合之卒，收散乱之兵，不满万人，欲以径入强秦，此所谓探虎口者也。夫陈留，天下之冲，四通五达之郊也，今其城中又多积粟，臣知其令，今请使，令下足下。即不听，足下举兵攻之，臣为内应。"于是遣食其往，沛公引兵随之，遂下陈留。号食其为广野君。"（《汉书·郦食其传》）

又，汉三年（前204年）秋，楚汉相持于荥阳地区，韩信方东击齐，迫于楚军攻势，刘邦想退屯巩，郦食其不赞成刘邦的想法，提出自己的建议。其传云：

食其因曰："臣闻之，知天之天者，王事可成；不知天之天者，王事不可成。王者以民为天，而民以食为天。夫敖仓，天下转输久矣，臣闻其下乃有藏粟甚多。楚人拔荥阳，不坚守敖仓，乃引而东，令適卒分守成皋，此乃天所以资汉。方今楚易取而汉后却，自夺便，臣窃以为过矣。且两雄不俱立,楚、汉久相持不决,百姓骚动,海内摇荡,农夫释耒,红女下机,天下之心未有所定也。愿足下急复进兵,收取荥阳,据敖庾之粟,塞成皋之险,杜太行之道,距飞狐之口,守白马之津,以示诸侯形制之势,则天下知所归矣。方今燕、赵已定,唯齐未下。今田广据千里之齐,田间将二十万之众军于历城,诸田宗强,负海岱,阻河济,南近楚,齐人多变诈,足下虽遣数十万师,未可以岁月破也。臣请得奉明诏说齐王使为汉而称东藩。"上曰:"善。"(《汉书·郦食其传》)

这一段文字归纳起来,郦食其的建议无非两条,一条是抓住敖仓,保障军队的粮食供给,另一条是游说齐王称东藩。这两条建议刘邦都采纳了,郦食其到齐国作说客,使齐田广罢守兵与汉讲和,结果韩信乘虚而入,郦食其因此被齐人所烹,刘邦也感到愧对郦食其,为表达歉疚之意,封其子为高粱侯。

再说张良,是韩国贵族家庭出身,良家僮三百人,悉以家财求客刺秦王,张良与刺客在博浪沙误中秦王之副车,以后逃亡在下邳,从黄石公学《太公兵法》。刘邦将数千人略地下邳,张良遂从刘邦为谋士。到了咸阳以后,是张良劝刘邦不要留居秦宫室,否则的话刘邦便进入迷宫了。鸿门宴的整个过程,是张良为刘邦具体策划如何应对项羽的,刘邦封汉王,也是张良通过项伯说定的。在前往汉中的路上，是张良劝刘邦明烧栈道，以麻痹项羽对刘邦要还关中的警惕，然后乘项羽忙着讨伐齐国时，让刘邦有机会暗度陈仓以进入关中地区。刘邦稳定关中地区以后，还是张良遗项羽书曰："汉王失职，欲得关中，如约即止，不敢复东。"（《汉书·张良传》）这样使项羽全力去讨伐齐国，刘邦得以巩固和稳定对关中的统治，并乘虚率诸侯军直捣彭城。刘邦在彭城兵败后退到荥阳、成皋一线，准备放弃关东地区，张良向刘邦建议："九江王（黥）布，楚枭将，与项王有隙；彭越与齐王田荣反梁地；此两人可急使。而汉王之将独韩信可属大事，当一面。即欲捐之，捐之此三人，楚可破也。"（《汉书·张良传》）换句话说，一是搞统一战线，分化对方的力量，做彭越和黥布的工作，让他们周旋于楚的后方；同时启用韩信，向燕赵发展，讨伐齐国，对楚形成迂回之势。刘邦是依照这个策划打败项羽的。在处理刘邦集团内部关系上，张良亦出了好主意，如韩信要封假齐王，刘邦发怒，是张良提醒刘邦，这时你对韩信不可能有任何制约，不如顺其所好，封韩信为齐王，最后以张良为使节去封韩信为齐王，促使韩信从背后出兵两面夹攻项羽。刘邦追击项羽，诸侯军不至，刘邦不得不退守固陵时，还是问张良怎么办，《汉书·高帝纪》载：

良对曰："楚兵且破，未有分地，其不至固宜。君王能与共天下，可立致也。齐王信之立，非君王意，信亦不自坚。彭越本定梁地，始君王以魏豹故，拜越为相国。今豹死，越亦望王，而君王不早定。今能取睢阳以北至穀城皆以王彭越，从陈以东傅海与齐王信，信家在楚，其意欲复得故邑。能出捐此地以许两人，使各自为战，则楚易散也。"

刘邦接受了张良的建议，才有了垓下之战的胜利。打败项羽以后论功行赏时，内部矛盾凸显，前面讲过的雍齿封侯的主意也是张良出的，刘邦接受了，很快稳定住了功臣宿将之心。刘邦能用张良，大受其益。

再说陈平，《汉书·陈平传》称其："少时家贫，好读书，治黄帝、老子之术。"陈平这个人长得高大英俊，"平为人长大美色"，但不好生产劳动，好管闲事，"里中社，平为宰，分肉甚均。里父老曰：'善，陈孺子之为宰！'平曰：'嗟乎，使平得宰天下，亦如此肉矣！'"宰，切割的意思，指里社集会时，杀猪后由陈平把肉平均分给各家，分得大家都满意，他心目中宰割天下，也就是这样，可见其早年便有大志。后投奔项羽，被封为信武君，为殷地之都尉，不久殷为汉陷，平惧诛，亡奔汉，因魏无知而见刘邦。刘邦也拜平为都尉，使参乘，典护军，引起刘邦周边人的不满，周勃和灌婴对刘邦提意见，《汉书·陈平传》载：

绛、灌等或谗平曰："平虽美丈夫，如冠玉耳，其中未必有也。闻平居家时盗其嫂；事魏王不容，亡而归楚；归楚不中，又亡归汉。今大王尊官之，令护军。臣闻平使诸将，金多者得善处，金少者得恶处。平，反覆乱臣也，愿王察之。"汉王疑之，以让无知，问曰："有之乎？"无知曰："有。"汉王曰："公言其贤人何也？"对曰："臣之所言者，能也；陛下所问者，行也。今有尾生、孝已之行，而无益于胜败之数，陛下何暇用之乎？今楚、汉相距，臣进奇谋之士，顾其计诚足以利国家耳。盗嫂受金又安足疑乎？"汉王召平而问曰："吾闻先生事魏不遂，事楚而去，今又从吾游，信者固多心乎？"平曰："臣事魏王，魏王不能用臣说，故去事项王。项王不信人，其所任爱，非诸项即妻之昆弟，虽有奇士不能用。臣居楚闻汉王之能用人，故归大王。裸身来，不受金无以为资。诚臣计画有可采者，愿大王用之；使无可用者，大王所赐金具在，请封输官，得请骸骨。"汉王乃谢，厚赐，拜以为护军中尉，尽护诸将。诸将乃不敢复言。

后来陈平提了一个离间项羽与其诸臣之间关系的计谋，其云："彼项王骨鲠之臣亚父、钟离昧、龙且、周殷之属，不过数人耳。大王能出捐数万斤金，行反间，间其君臣，以疑其心，项王为人意忌信谗，必内相诛。汉因举兵而攻之，破楚必矣。"（《汉书·陈平传》）刘邦接受了这个建议，其挑拨项羽和范增关系的经过已见前言，看来陈平的离间计是收到了效果的。又如刘邦被围在荥阳时，听从陈平建议，"夜出女子二千人荥阳东门，楚因击之，平乃与汉王从城西门出去，遂入关，收聚兵而复东。"（《汉书·陈平传》）又如韩信请封假齐王时，陈平与张良一起提醒刘邦。还有汉六年，抓韩信的办法是陈平提的，通过伪游云梦，会诸侯于陈，乘韩信郊迎时将其抓捕。《汉书·陈平传》称："平自初从，至天下定后，常以护军中尉从击臧荼、陈豨、黥布。凡六出奇计。"可见用人，要用其长，不能见其短而忽视其长，对人才要有包容之心，能用则胜，功夫要放在用上。

从郦食其、张良、陈平这一类人物的经历，可知他们的长处在于谋略。从思想体系上讲，张良是随黄石公读《太公兵法》，陈平是治黄帝、老子之术。《老子》这部书实际上是一部兵书。郦食其以儒生称，讲的也是计谋。还有另一类人物，其长处在观念，如陆贾与叔孙通那样的知识分子。陆贾这人，一方面是一个说客，《汉书·陆贾传》称其为楚人，"以客从高祖定天下，名有口辩，居左右，常使诸侯。"使南越游说其王尉佗称臣奉汉约，汉封尉佗为南越王。另一方面，"贾时时前说称《诗》《书》。高帝骂之曰：'乃公居马上得之，安事《诗》《书》！'贾曰：'马上得之，宁可以马上治乎？'"最终，"谓贾曰：'试为我著秦所以失天下，吾所以得之者，及古成败之国。'贾凡著十二篇。每奏一篇，高帝未尝不称善，左右呼万岁，称其书曰《新语》。"这十二篇是叙述秦汉得失的奏章，认为朝代的更替"非天之所为"（《新语·明诫第十一》），立国"必得之于民"（《新语·至德第八》），提出与民休息的主张。这实际上是帮助刘邦总结秦汉之所以交替的历史经验。

叔孙通本来是秦国的文学博士，标准的儒家，看到秦二世昏聩，乃亡命至薛，曾从项梁与项羽。汉二年刘邦入彭城，叔孙通与弟子百余人降汉，刘邦拜其为博士。刘邦打败项羽被尊奉为帝以后，《汉书·叔孙通传》称：

> 高帝悉去秦仪法，为简易。群臣饮争功，醉或妄呼，拔剑击柱，上患之。通知上益厌之，说上曰："夫儒者难与进取，可与守成。臣愿征鲁诸生，与臣弟子共起朝仪。"高帝曰："得无难乎？"通曰："五帝异乐，三王不同礼。礼者，因时世人情为之节文者也。故夏、殷、周礼所因损益可知者，谓不相复也。臣愿颇采古礼与秦仪杂就之。"上曰："可试为之，令易知，度吾所能行为之。"
>
> 于是通使征鲁诸生三十余人。鲁有两生不肯行，曰："公所事者且十主，皆面腴亲贵。今天下初定，死者未葬，

伤者未起，又欲起礼乐。礼乐所由起，百年积德而后可兴也。吾不忍为公所为。公所为不合古，吾不行。公往矣，毋污我！"通笑曰："若真鄙儒，不知时变。"

遂与所征三十人西，及上左右为学者与其弟子百余人为绵蕞野外。习之月余，通曰："上可试观。"上使行礼，曰："吾能为此。"乃令群臣习肄，会十月。

汉七年，长乐宫成，诸侯群臣朝十月。仪：先平明，谒者治礼，引以次入殿门，廷中陈车骑戍卒卫官，设兵，张旗志。传曰"趋"。殿下郎中侠陛，陛数百人。功臣、列侯、诸将军、军吏以次陈西方，东乡；文官丞相以下陈东方，西乡。大行设九宾，胪句传。于是皇帝辇出房，百官执戟传警，引诸侯王以下至吏六百石以次奉贺。自诸侯王以下莫不震恐肃敬。至礼毕，尽伏，置法酒。诸侍坐殿上皆伏抑首，以尊卑次起上寿。觞九行，谒者言"罢酒"。御史执法举不如仪者辄引去。竟朝置酒，无敢欢哗失礼者。于是高帝曰："吾乃今日知为皇帝之贵也！"拜通为奉常，赐金五百斤。

通因进曰："诸弟子儒生随臣久矣，与共为仪，愿陛下官之。"高帝悉以为郎。通出，皆以五百金赐诸生。诸生乃喜曰："叔孙生圣人，知当世务。"

这几大段话讲的是十月朝会的礼仪状况,那是庄严肃穆,上下之间等级分明,尊卑秩序井然,唯其如此才能显示帝王的威严,所以刘邦会高兴地说:"吾乃今日知为皇帝之贵也!"这尊贵的地位要靠礼仪制度方能显示。从思想观念上讲,只有儒家讲的三纲五常伦理关系,才能为这种尊卑等级关系提供理论基础。中国历史上的皇朝稳定时期,儒家思想总是处于统治地位,在分裂时期,诸子百家的学说才能占得上风,这也是时势的需要。

为什么要在十月初一举行朝会呢?因为汉初沿用秦历,秦始皇统一中国以后颁行的颛顼历,以孟冬十月,即农历的十月为岁首。统一历法,与政令的统一相联系,这个历法是阴阳历,一个回归年是三百六十五日,一年十二个月,大月三十日,小月二十九日,每月的朔望日要与月相相合,十二个月加起来为三百五十四日,比一个回归年少十日二十一小时,为了弥补这一缺陷,每隔二三年要加一个闰月,每年秋冬之交皇帝要把第二年的历书颁给诸侯,故秦以亥为岁首,所以要在十月初一日举行朝会,迎接新的一年到来。我引用这些内容,主要是用来说明王朝统治稳定以后,等级关系的尊卑要靠礼仪制度来显示。

从刘邦身边的知识分子群体来分析,前一类知识分子的谋略游说是为刘邦马上得天下,后一类以陆贾、叔孙通为代表的儒生讲的是如何下马治理天下,即需要总结历史经验,讲文治、讲礼仪,那才能显示并保持上下尊卑的等级关系。两类知识分子都是为了适应不同时期的不同需要。刘邦之所以让叔孙通为太子太傅，也是时势的需要，马上的纷争逐渐告一段落，今后凸显的是如何稳定社会秩序的问题，所以需要《诗》《书》这一类儒家经典。当然这个转变不是一下子完成的，社会转型有一个过程，意识形态的转型也有一个过程，直到汉武帝时，罢黜百家，独尊儒术，才最后定型。任何历史时期，无论分裂的时期，还是统一的时期，任何统治集团都需要有自己的思考，也就是智库，而这个智库的类型，思想的再生产，也总是随着时代而不断变化的。这就是当世之务。

十八、刘邦关于身后事的安排

生老病死,是任何人都无法回避的,即使你身为皇帝,也无法阻止死亡的降临。秦始皇迷信长生不老之药,所以他对身后事并没有认真思考,虽然自称始皇,但谁来接班,如何接班,接班以后如何维持这么一个大国的稳定,显然秦始皇没有认真考虑过,他死得也突然,所以他一死,整个秦王朝便乱了套。刘邦在这一点上比秦始皇聪明,汉二年便立太子了,立他与吕后生的唯一的儿子刘盈为太子,早一点安排好交接班的人选,以防不测。但在性格上刘盈与刘邦不同,刘邦是一个非常强悍、果断而又不屈不挠,办起事来心狠手辣的人,身旁集合了一批能为他拼命效力的功臣宿将,所以能建立并巩固大汉王朝的统治。刘盈的性格则仁慈而懦弱,看不得那血腥的、互相杀戮的残酷场面,又非常胆怯。立太子那年,他只有六岁,也许是幼年时期经历的那些残酷恐怖场面,使他生性胆小怕事。到了刘邦晚年,汉十二年(前195年),刘盈十五岁了,他软弱怕事的性格充分显现出来,刘邦感到刘盈能否胜任皇帝的任务是一个问题了。当然，刘邦想废太子而没有废成有一个过程，这个过程在《汉书·张良传》中讲得比较具体。其云：

> 上欲废太子，立戚夫人子赵王如意。大臣多争，未能得坚决也。吕后恐，不知所为。或谓吕后曰："留侯善画计，上信用之。"吕后乃使建成侯吕泽劫良，曰："君常为上谋臣，今上日欲易太子，君安得高枕而卧？"良曰："始上数在急困之中，幸用臣策；今天下安定，以爱欲易太子，骨肉之间，虽臣等百人何益！"吕泽强要曰："为我画计。"良曰："此难以口舌争也。顾上有所不能致者四人。四人年老矣，皆以上嫚侮士，故逃匿山中，义不为汉臣。然上高此四人。今公诚能毋爱金玉璧帛，令太子为书，卑辞安车，因使辨士固请，宜来。来，以为客，时从入朝，令上见之，则一助也。"于是吕后令吕泽使人奉太子书，卑辞厚礼，迎此四人。四人至，客建成侯所。
>
> 汉十一年，黥布反，上疾，欲使太子往击之。四人相谓曰："凡来者，将以存太子。太子将兵，事危矣。"乃说建成侯曰："太子将兵，有功即位不益，无功则从此受祸。且太子所与俱诸将，皆与上定天下枭将也，今乃使太子将之，此无异使羊将狼，皆不肯为用，其无功

必矣。臣闻'母爱者子抱',今戚夫人日夜侍御,赵王常居前,上曰'终不使不肖子居爱子上',明其代太子位必矣。君何不急请吕后承间为上泣言:'黥布,天下猛将,善用兵,今诸将皆陛下故等夷,乃令太子将,此属莫肯为用,且布闻之,鼓行而西耳。上虽疾,强载辎车,卧而护之,诸将不敢不尽力。上虽苦,强为妻子计。'"于是吕泽夜见吕后。吕后承间为上泣而言,如四人意。上曰:"吾惟之,竖子固不足遣,乃公自行耳。"于是上自将而东,群臣居守,皆送至霸上。良疾,强起至曲邮,见上曰:"臣宜从,疾甚。楚人剽疾,愿上慎毋与楚争锋。"因说上令太子为将军监关中兵。上谓"子房虽疾,强卧傅太子"。是时叔孙通已为太傅,良行少傅事。

汉十二年,上从破布归,疾益甚,愈欲易太子。良谏不听,因疾不视事。叔孙太傅称说引古,以死争太子。上阳许之,犹欲易之。及宴,置酒,太子侍。四人者从太子,年皆八十有余,须眉皓白,衣冠甚伟。上怪,问曰:"何为者?"四人前对,各言其姓名。上乃惊曰:"吾求公,避逃我,今公何自从吾儿游乎?"四人曰:"陛下轻士善骂,臣等义不辱,故恐而亡匿。今闻太子仁孝,恭敬爱士,天下莫不延颈愿为太子死者,故臣等来。"上曰:"烦公幸卒调护太子。"

四人为寿已毕,趋去。上目送之,召戚夫人指视曰:"我欲易之,彼四人为之辅,羽翼已成,难动矣。吕氏真乃主矣。"戚夫人泣涕,上曰:"为我楚舞,吾为若楚歌。"歌曰:"鸿鹄高飞,一举千里。羽翼以就,横绝四海。横绝四海,又可奈何!虽有矰缴,尚安所施!"歌数阕,戚夫人歔欷流涕。上起去,罢酒。竟不易太子者,良本招此四人之力也。

《汉书·张良传》讲了刘邦想废太子而没有废成的过程,从这个过程分析,看起来是立刘盈还是立赵王如意之争,其实不是这两个小孩子之间的争夺,是吕后与戚夫人之间,由谁来掌控国家的权力,而那时朝廷的功臣宿将都站在吕后这一边。刘邦身后将来具体参预国家管理的,还只能是这些与刘邦一起共患难、出生入死的功臣宿将,他们与戚夫人之间没有共同的经历,但与吕后有共同的经历,所以想废,他也没有办法废。另外叔孙通讲的历史教训,也是刘邦不得不考虑的因素。《汉书·叔孙通传》云:

十二年,高帝欲以赵王如意易太子,通谏曰:"昔者晋献公以骊姬故,废太子,立奚齐,晋国乱者数十年,为天下笑。秦以不早定扶苏,胡亥诈立,自使灭祀,此陛下所亲见。今太子仁孝,天下皆闻之;吕后与陛下共苦食啖，其可背哉！陛下必欲废適而立少，臣愿先伏诛，以颈血污地。"高帝曰："公罢矣，吾特戏耳。"通曰："太子天下本，本壹摇天下震动，奈何以天下戏！"高帝曰："吾听公。"

叔孙通讲晋献公废立太子的教训也是有道理的。为什么叔孙通讲太子天下之本，因为这是王权的继承人问题，如果权力的交替和继承关系不确定的话，那么便会因君主死亡而出现权力真空的情况，这时的权力会成为各方角逐的对象，或通过宫廷政变的方式，或通过诸侯王兵戎相见的方式，也就是再来一次逐鹿战争，用丛林法则来解决这个问题，那么自然会引起社会的动荡。王位的继承不仅是一个继承人个人的问题，还牵涉到权力结构方方面面的关系，如果得不到这个结构方方面面的人的支持，那样的继承还是会引起纷争。

晋献公的太子申生，及前面两个儿子重耳和夷吾，都已成人了，申生与原来的贵族大夫这个阶层有着千丝万缕的关系。后来晋献公废掉申生，立奚齐为太子，临终时把后事托付给荀息，但得不到另一批强势贵族集团的支持。献公死，奚齐立，荀息执政，但他无法抗衡里克和邳郑，他们把奚齐杀了。荀息立悼子，里克又杀悼子，荀息只能以身殉之。嫡长子继承制无非是把王位继承关系依照血缘关系制度化，目的是为了杜绝王位的争夺，从而杜绝统治集团自身的内讧和分裂。

张良利用四皓来稳定刘盈作为太子的地位，无非是因为刘盈即帝位可以得到以功臣宿将为主体的贵族官僚集团的支持，实际上是支持刘邦去世以后让吕后来执政，因她与他们在楚汉相争的过程中，共过患难，有一段历史因缘关系。苏轼在《汉高帝论》中说：

> 天下既平，以爱故欲易太子，大臣叔孙通、周昌之徒力争之，不能得，用留侯计仅得之。盖读其书至此，未尝不太息以为高帝最易晓者，苟有以当其心，彼无所不从，盍亦告之以吕后太子从帝起于布衣以至于定天下，天下望以为君，虽不肖而大臣心欲之，如百岁后，谁肯北面事戚姬子乎？所谓爱之者，只以祸之。嗟夫！

而这个要废而未废，反而把戚夫人和如意逼上死路。刘邦要戚夫人舞楚舞，他唱楚歌，实际上表示他的无奈和对戚夫人的歉意，说将来吕后是戚夫人的主子，那就是把羔羊送给虎狼了。如意还是小孩子，不会懂得其中生死利害的关系。苏轼还说：

> 高帝顾戚姬悲歌而不忍，特以其势不得不从，是以犹欲区区为赵王计，使周昌相之，此其心犹未悟，以为

一强项之周昌，足以抗吕氏而捍赵王，不知周昌激其怒，而速之死耳。古之善原人情而深识天下之势者，无如高帝，然至此而惑，亦无有以告之者。悲夫！（《汉高帝论》）

权力的角逐无论是战场上的争夺，还是宫廷内的勾心斗角，甚至宫廷政变，都是那么无情而又残酷，作为帝王对之亦无可奈何，这个故事古今都是相通的。吕后死了以后，陈平、周勃他们处理了诸吕，谋立代王刘恒。他们为什么选择代王刘恒呢？刘恒的母亲薄姬是魏豹的宫女，灭魏王豹以后，薄姬输织室，刘邦见了，把她诏纳后宫，岁余不得幸。一次得幸，生文帝刘恒，年八岁立为代王，自有子后很少与刘邦见面。刘邦去世后，凡是刘邦生前喜欢的，从戚夫人起，皆幽之不得出宫，而薄姬很少露面，得从子之代，为代太后。吕后去世以后，"大臣议立后，疾外家吕氏强暴，皆称薄氏仁善，故迎立代王为皇帝"（《汉书·外戚传》）。事态的发展往往是相辅相成的，吕后与戚夫人的争斗最终成全了薄姬，这是谁也想不到的，包括薄姬自己也想不到。无所为，有时往往会成为无所不为，这当然也是因缘相会的结果，可遇而不可求。

从刘邦与戚夫人的楚歌楚舞，可知他还是喜欢唱歌的，也是在他最后一年，打败黥布以后，他曾路过自己的故土沛县。《汉书·高帝纪》云：

> 上还,过沛,留,置酒沛宫,悉召故人父老子弟佐酒。发沛中儿得百二十人,教之歌。酒酣,上击筑自歌曰:"大风起兮云飞扬,威加海内兮归故乡,安得猛士兮守四方!"令儿皆和习之。上乃起舞,忼慨伤怀,泣数行下。谓沛父兄曰:"游子悲故乡。吾虽都关中,万岁之后吾魂魄犹思沛。且朕自沛公以诛暴逆,遂有天下,其以沛为朕汤沐邑,复其民,世世无有所与。"

刘邦这时是动了感情,知道自己留下的日子不多了,表达了他对故土之思。这首歌也反映了他一生的经历。他在彭城之役中被项羽军队追逐,陷入重围,靠大风起兮云飞扬,才得以摆脱项羽军队的围困。这次回来是威加海内兮,成就一统大业,但匈奴在边境还虎视眈眈,平城被围,刘邦饿了七天肚子,那时汉对匈奴在军事上还是处于守势,所以才想到安得猛士守四方,完成其未竟事业。这一次他在沛县待了十多天,那时他已重病在身,已经到了交接班的时刻。实际上这也是各方对权力的一次角逐,历史上的每一次权力角逐,总得有一部分人为之付出惨痛代价,古代是如此,戚夫人与如意就为此付出了沉重代价。在有一些历史关节的问题上,古今往往是相通的。

刘邦为了刘盈,抱病勉力征黥布,受了重伤。《汉书·高帝纪》云:

> 上击布时，为流矢所中，行道疾。疾甚，吕后迎良医。医入见，上问医。曰："疾可治。"于是上嫚骂之，曰："吾以布衣提三尺取天下，此非天命乎？命乃在天，虽扁鹊何益！"遂不使治疾，赐黄金五十斤，罢之。吕后问曰："陛下百岁后，萧相国既死，谁令代之？"上曰："曹参可。"问其次，曰："王陵可，然少戆，陈平可以助之。陈平知有余，然难独任。周勃重厚少文，然安刘氏者必勃也，可令为太尉。"吕后复问其次，上曰："此后亦非乃所知也。"

从这里可以看到刘邦对生死问题还是比较达观的，敢于直面死亡，对后事的安排名义上是刘盈接班，实际上是吕后接班，所以吕后问其身后人事的安排，这个安排当然离不开他生前曾与之一起同甘共苦、出生入死、患难相交的战友们，萧何、曹参、王陵、陈平、周勃都属于这一类人物，刘邦身后起作用的也是这一批功臣宿将。刘邦去世第二年，萧何就重病临终了，《汉书·萧何传》称：

> 高祖崩，何事惠帝。何病，上亲自临视何疾，因问曰："君即百岁后，谁可代君？"对曰："知臣莫如主。"帝曰："曹参何如？"何顿首曰："帝得之矣，何死不恨矣！"

在这一点上萧何与刘邦的想法是一致的。《汉书·曹参传》称：

> 萧何薨，参闻之，告舍人趣治行，"吾且入相"。居无何，使者果召参。

曹参到任以后，终日饮酒，不事事。《汉书·曹参传》称：

> 参子窋为中大夫。惠帝怪相国不治事，以为"岂少朕与？"乃谓窋曰："女归，试私从容问乃父曰：'高帝新弃群臣，帝富于春秋，君为相国，日饮，无所请事，何以忧天下？'然无言吾告女也。"窋既洗沐归，时间，自从其所谏参。参怒而笞之二百，曰："趣入侍，天下事非乃所当言也。"至朝时，帝让参曰："与窋胡治乎？乃者我使谏君也。"参免冠谢曰："陛下自察圣武孰与高皇帝？"上曰："朕乃安敢望先帝！"参曰："陛下观参孰与萧何贤？"上曰："君似不及也。"参曰："陛下言之是也。且高皇帝与萧何定天下，法令既明具，陛下垂拱，参等守职，遵而勿失，不亦可乎？"惠帝曰："善。君休矣！"

这就是萧规曹随的典故。保持政局稳定，不随意更迭，这是上策。大乱以后，需要与民休息。故《汉书·曹参传》续云：

> 参为祖国三年，薨，谥曰懿侯。百姓歌之曰："萧何为法，讲若画一；曹参代之，守而勿失。载其清靖，民以宁壹。"

刘邦与吕后交待后事时，为什么没有提张良，因为这时张良与刘邦一样，也是重病在身，说是在辟谷，实际上吃不下东西了。从这里可以看到王权的继承不单是血缘关系的继承，还是一个社会集团统治的持续。刘邦去世时，当然不可能想到后来文帝、景帝、武帝的事，历史自有其自身演化的规律，子孙自有子孙福，老人无法安排好子子孙孙的一切，即使安排了，事物也不会依照他的主观意愿去演变，这是历史发展的客观规律。当然，为子为孙者，亦不能胡作非为，也只能因时因势，沿着祖辈既定的轨迹前进，如果胡作非为地瞎折腾，那么秦、隋之短促，亦足以为后人鉴。以往的历史只是给我们提供了应对现实问题时可以作为参考的思想资料而已，它可以使我们变得聪明一些，而《推背图》式的预言，永远只能是欺人之谈。

刘邦去世的时候只有六十二岁，不算高寿，起兵时已年近五十了，这十二年，前五年是楚汉相争，后七年也忙着铲除异姓诸侯王，打败黥布时，也是他在世的最后一年，故他一生都在戎马生涯中度过。刘邦受过多次伤，一次是与项羽交战时，胸部受了箭伤，最后与黥布交战时中流矢，这也许是致命的一击。

即使作为帝王，刘邦也并非真能主宰一切，在废立问题上，他就显得非常无奈。有一点是他的长处，那就是见机快，能屈能伸，还有便是豁达大度，能容人，也会用人。如他那样的布衣出身，十多年时间，能在秦之后建立起一个统一王朝，这也是时势提供的机会，是时势造英雄。没有这样的机会，在一个太平时代，如刘邦这样的人物，最多只能是一个流氓地痞性质的小人物，有造化一点，最多当一个黑社会的头目而已——是秦末大动荡乱世造就了这样的英雄。乱世造英雄，在社会秩序比较稳定的时期，我们便不可能再指望有这样的英雄人物，如果真有这样的"英雄"，也许只会给我们带来大的动荡和不安。做人行事，只能顺从当世之务，识时务者为俊杰也。

后 记

这是过去上课用的讲稿,上课之前先发给学生,然后在课堂上只提纲挈领地讲一两个小时,因为课前学生已看了讲稿,用不到我再念了。讲稿中引用原文的部分较多,是为了引导学生去阅读那些经典,写这份讲稿的目的,也只是希望借此引起阅读和思考,课堂上的讨论还是非常活跃的。楚汉之际,刘邦与项羽这两个历史人物各自的成败得失,以及他们所处的时代特征,确有许多值得人们深思的地方。学历史读古书,不能停留在史实考证的阶段,史实的考证固然重要,因为最起码你要弄清相关人物与事件的时空之定位。更进一层的话,那就要弄清人与事所以成败的原由,不仅知其然,还要知其所以然,才能从各自成败的原由总结出相应的经验教训,唯其如此,历史才能为后人所用。中国史学传统著作的体例是非常丰富的,有纪传体,以人物为主;有编年体,以时间为线索;有纪事本末体,以事件的叙述为中心;有以典章制度的演化为线索,若杜佑的《通典》与马端临的《文献通考》,这是从编纂学的角度讲;有以地域为线索,若郦道元的《水经注》以及各地的地方志。此外还有一种史著,那就是史论。在各正史之列传后皆有史臣曰,那是对相关人物和事件的史论。唐宋之大文学家都好作史论,如苏轼便是史论的大家。史论的目的是为了致用,王夫之的《读通鉴论》便是以论的方式总结历史经验教训。明清人好作札记,如顾炎武的《日知录》、赵翼的《廿二史札记》、王鸣盛的《十七史商榷》都偏重于史论,钱大昕的《廿二史考异》则偏重于考证。20世纪50年代时,我们读史都是从读史论起步,然后循序去读经典原著,这样能使我们在前人的基础上作进一步的思考,带着问题去考证其事实的究竟,并沟通古今,着眼点则放在致用上,对后人的思考有所启迪,这才是我们论史的目的。这一篇讲稿也只是提出了问题,读者阅读以后同样可以作进一步的思考。其中难免也有错失之处,望读者指正。发表此作的另一目的,是希望借此对当今史学盛行考证的风气进行反思,再次倡议注重史论、注重经世致用的治史途径。可或不可?让读者来评论。